L'ART INDÉPENDANT FRANÇAIS

SOUS LA TROISIÈME RÉPUBLIQUE

PAR

CAMILLE MAUCLAIR

PEINTURE : L'ART IMPRESSIONNISTE. — MANET ET MONET. — LE CÉZANISME. — LE POINTILLISME. — LE CUBISME.
LITTÉRATURE : LE MOUVEMENT SYMBOLISTE. — MALLARMÉ. — VERLAINE. — RÉMY DE GOURMONT. — CLAUDEL.
MUSIQUE : L'INFLUENCE WAGNÉRIENNE. — DEBUSSY. — FRANCK. — BRUNEAU. — CHARPENTIER. — LES BALLETS RUSSES.

LA RENAISSANCE DU LIVRE
78, Boulevard Saint-Michel, 78 :: PARIS

L'Art Indépendant Français

SOUS LA TROISIÈME RÉPUBLIQUE

CRITIQUES D'ART DU MÊME AUTEUR

ART ANCIEN

Florence : l'art, l'histoire, la cité. — Watteau. — Fragonard. Greuze et son temps. — Histoire de la Miniature du XIIe au XIXe *siècle*. — Histoire de la Peinture Italienne du XIIe au XIXe siècle.

ART MODERNE

Histoire de l'art impressionniste : les hommes, les théories, les œuvres. — Auguste Rodin. — Albert Besnard. — Puvis de Chavannes. — Monticelli. — De Watteau à Whistler. — L'Art en silence. — Trois crises de l'Art actuel. — Idées vivantes. — Robert Schumann. — Louis Legrand. — Victor Gilsoul. — Histoire de la Musique européenne de 1850 à 1914. — La Religion de la Musique. — Baudelaire : sa vie, son art, sa légende.

CAMILLE MAUCLAIR

L'Art Indépendant Français

SOUS LA TROISIÈME RÉPUBLIQUE

(PEINTURE, LETTRES, MUSIQUE)

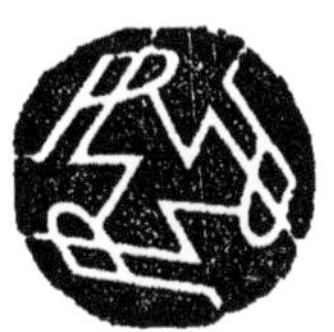

PARIS
LA RENAISSANCE DU LIVRE
78, Boulevard Saint-Michel, 78

A

GEORGES LECOMTE

Son reconnaissant ami.

C. M.

PRÉFACE

Ce livre est écrit par quelqu'un qui a tenu à être et à rester indépendant, au plein sens du terme, et s'est trouvé activement mêlé aux divers mouvements artistiques français depuis 1890.

A mes débuts littéraires, j'ai cru, comme la plupart de mes camarades, au mirage de la gloire. Prestige du nom, influence des idées, gains, tout m'apparaissait le désirable exaucement de mes vœux et de mes efforts.

Mais peu à peu le pénible spectacle de l'arrivisme des aînés, l'aversion pour le mensonge presque obligatoire dans la presse et pour les concessions à la mode et au public, la niaiserie et la bassesse des moyens de parvenir, m'orientèrent vers un tout autre destin. Une maladie, que je bénis, ayant compris le sens et la portée de son intervention dans ma vie, me contraignit à m'éloigner de l'existence citadine. Elle me donna le temps d'un sincère examen de conscience qui me fit reconnaître que rien de ce qui séduit communément les gens de lettres ne saurait me contenter réellement. Je manquais tout à fait de cet entregent, de cette patience, de cette souplesse, de cette aptitude à la politique d'intrigue, de cette facilité d'évolution et de transigeance parmi les hommes de toutes opinions, qui sont indispensables à l'avancement dans une carrière.

J'étais également incapable, si le bonheur devait m'échoir de trouver une formule originale et plaisante à la majorité, d'en ressasser indéfiniment les variantes, ce qui pourtant est le secret des succès réitérés et des réputations consolidées. J'étais tourmenté par le doute de ma propre valeur, sans cesse mécontent de ce que je produisais, dépourvu à un degré presque funeste de vanité et de désir de l'argent, c'est-à-dire de deux excitateurs très puissants. Enfin, je me constatais singulièrement indifférent à ce qu'on appelle la conquête d'une belle situation, et hors d'état de supporter l'ennui, la ruse longanime et les multiples corvées du formalisme social sans lequel cette belle situation ne s'obtient point. L'état de ma santé ne m'eût pas donné d'autre part l'espérance d'obtenir cette situation à l'ancienneté. Il y faut d'ailleurs la fréquentation interminable d'un clan qu'on accompagne dans la vie pour participer à ses bénéfices collectifs ; et si j'étais né pour l'ardente et fidèle amitié, les devoirs assidus de la camaraderie banale me rebutaient.

Enfin, pareillement répugné par le bourgeoisisme, l'arrivisme et la bohème, que je tenais pour incompatibles avec le culte sincère des arts, l'idée de la mort immanquable, seule base logique de toutes les prévisions d'une existence et seul point fixe de sa destinée, me délivrait de toute ambition. Sans cesse présente à mon esprit, qui ne s'en effrayait ni ne l'oubliait, elle me suggérait que le sens d'une pauvre petite individualité périssable est avant tout d'avoir vécu, d'avoir senti et exprimé de son mieux, dans sa pleine responsabilité morale, avant sa dissolution dans l'oubli éternel. Ne jamais mentir, vivre de peu, comprendre et réfléchir énormément, se faire estimer d'une élite lentement accrue, m'apparut le seul programme compatible avec mes idées et mes goûts.

Tel fut mon bilan psychologique, et je ne l'établis ici que pour donner un exemple de ce que j'entends par « indépendance », étant fondé à penser que tous les indépendants d'instinct et de vocation ont raisonné et senti de même. Je n'ignorais point que cette indépendance que je préférais à tout se paie très cher : mais j'eusse vendu cent fois tous les droits d'aînesse pour ce plat de lentilles, ou plutôt « la belle situation » n'était qu'un grossier plat de lentilles auprès de ce merveilleux droit d'aînesse de la liberté d'opinion. L'art était pour moi un moyen de vivre intensément — car la grande affaire c'est d'être un homme qui vit avant d'être un littérateur — et de m'assurer des joies gratuites et inaliénables. J'étais fou de comprendre et d'aimer. Dès l'adolescence, la poésie, la peinture, la sculpture, la musique m'avaient à un égal degré ouvert un monde de voluptés et d'exaltations sensorielles et spirituelles. Je voulais écrire pour faire partager ces voluptés et ces exaltations, et payer pieusement mon denier du culte à cet art qui était ma religion, ma consolation et ma joie. Je n'admettais pas qu'aucune considération de publicité, de carrière, de profit personnel, pût m'empêcher de parler tour à tour des divers arts, ou de morale, ou de tel ou tel problème sollicitant ma curiosité et émouvant mon esprit. Mon but, en un mot, n'était pas de « réussir », mais de vivre, et de vivre en contentant partout et toujours ma passion de comprendre et d'aimer durant le laps plus ou moins long qui serait accordé à mon existence physique : et mes livres ne devaient être que les notes marginales de mon seul véritable ouvrage — cette existence ainsi composée.

Ces constatations me montrèrent que tout cela m'éloignait du plan habituel d'une vie d'homme de lettres, et que je ne devrais par conséquent m'en prendre qu'à moi-même si, n'ayant pas voulu me plier aux règles du jeu, je ne gagnais point. Et en effet si je n'ai point gagné autant que l'affectueuse sollicitude de mes amis l'eût voulu, je ne me suis jamais lassé de leur dire qu'en vérité je ne m'étais rien proposé de tel, et estimais n'avoir rien à regretter, ayant composé ma vie pour satisfaire non à un intérêt, mais à une passion ; et à mesure que j'y trouvais plus de joies, le reste m'apparaissait plus médiocre, en sorte que parmi tous mes bonheurs je compte celui de n'avoir jamais éprouvé l'amertume d'envier.

Je considère comme un haut avantage d'avoir pu, au prix de quelques renoncements qui ne me coûtèrent pas, choisir mes amis, n'écrire que selon mon goût et ma conviction, rester pleinement libre et trouver pourtant le moyen de publier ma pensée. En essayant de suivre l'autre route, j'eusse été maladroit et malheureux.

Il m'aura plu d'être à l'écart, un chercheur, un avertisseur, un conseiller peut-être pour certains, et de trouver le sens de ma vie dans l'amour intense de toutes les formes de beauté en réduisant mon existence matérielle à un minimum de besoins. Je serai donc « arrivé » à m'amuser énormément, au sens le plus exact en même temps que le plus élevé du terme, et j'ose dire que cela m'a conservé un état ingénu de l'esprit et du caractère que je n'ai connu à aucun des plus forcenés arrivistes de mon époque, lesquels m'ont toujours semblé mécontents, las, atrabilaires, et impatients des liens qu'ils s'étaient forgés. Je ne me suis jamais repenti d'avoir pris pour but ce dont leur ambition s'était fait un moyen : et, spécialement depuis l'énorme bouleversement de la guerre, leur politique m'est apparue infiniment mesquine, médiocre, malheureuse et misérable. Je n'échangerais point mon sort avec celui des plus brillants : je me garde pourtant de les blâmer, car il n'y a pas de commune mesure entre les buts que se proposent les hommes.

Je n'aurais d'ailleurs pas, peut-être, envisagé avec autant de désintéressement et de respect les devoirs professionnels adjacents à ma vocation, si je n'y avais été invité et aidé par l'exemple des grands morts qui souffrirent pour leur idéal et méprisèrent le sale argent. On a beau n'être auprès d'eux qu'un humble apprenti, c'est par là qu'on peut les rejoindre.

Je n'aurais pas donné, après vingt-sept ans de carrière, ces quelques explications sur moi-même, si elles ne devaient servir à justifier le ton et la composition de ce livre. Je veux seulement faire entendre que j'ai acquis le droit d'y parler comme j'y parle des hommes et des milieux. Et j'ai à préciser tout de suite l'acception dans laquelle le mot « indépendant » sera pris ici, pour écarter beaucoup d'interprétations inexactes et abusives.

J'entends par « indépendants » les mouvements qui sont nés et se sont développés en dehors de l'enseignement officiel des écoles et des académies, en marge des idées conventionnelles, dans l'indifférence ou l'hostilité de la presse et du grand public, par la volonté de quelques personnalités originales ne tenant leur mandat que d'elles-mêmes, n'attendant et ne recevant aucune faveur de l'État, se soustrayant au contrôle et au caprice de la mode et ne se préoccupant nullement du succès d'argent.

C'est là d'ailleurs à peu près le seul sens de l'expression « indépendant », car, au point de vue subjectif, on dépend toujours plus ou moins de quelqu'un, et la tradition classique elle-même n'est constituée que par les œuvres et les exemples d'une série de personnalités qui ont rejeté la routine, cherché à innover, encouru les risques et les luttes, et finalement n'ont été admises au rang des maîtres que pour avoir tenu et réussi à faire autre chose que les maîtres précédents.

J'étudierai donc ici l'art qui s'est manifesté en marge de l'art officiel sous la troisième République, et qui représente un effort multiple et imposant. Je ne prétends pas en avoir tracé un tableau complet, et surtout, si de nombreux noms figurent ici, je préviens que pourtant on n'y trouvera pas un palmarès où l'on pourrait s'étonner de telle ou telle omission. Mon dessein a été surtout, au delà des hommes et des œuvres, de faire œuvre de critique de synthèse, de préciser l'évolution des tendances dans les arts parallèles, et de chercher leurs liaisons logiques — le plus clairement et le plus simplement que possible. En dehors de l'art officiel, il y a eu une vaste éclosion d'initiatives privées : quel a été son apport, quelle a été sa valeur ? Il m'a paru utile de le résumer, à la veille d'une ère nouvelle.

On peut appeler ainsi la perspective d'un grandiose renouveau de l'influence, du prestige de l'art de cette France que la guerre a replacée moralement au premier rang dans l'estime universelle, et dont le monde civilisé va d'autant plus attendre les conseils que le prestige germanique aura décru, par la répulsion secrète ou avouée de toutes les nations à l'égard de l'atroce Allemagne.

Le principe essentiel des divers mouvements d'art examinés ici est assurément l'individualisme : c'est-à-dire une réaction instinctive contre l'enseignement, la discipline, l'école, la tentative faite par des artistes de trouver en soi très librement les principes et les méthodes de la belle création, le désir d'échapper à l'esprit de hiérarchie et de carrière, et de donner à l'originalité personnelle toute la licence possible. Ces sentiments ont été les miens, je les éprouve encore,

Cependant, il m'a été donné d'assister, soit comme militant, soit comme observateur, depuis près de trente ans, à leur évolution. J'en ai constaté les heureuses conséquences. J'en ai constaté aussi les inconvénients, les excès et les échecs. Il m'arrivera donc, en parlant de ceux-ci, de m'exprimer avec d'autant moins de gêne que je ferai du même coup mon propre mea culpa. *Il est des choses que j'affirmais passionnément à vingt ou à trente ans et que je ne relis pas sans sourire, parce que l'expérience me les a montrées fausses. Il est par contre des vérités que le temps a confirmées et que je suis content d'avoir instinctivement ressenties jadis. Si, par mes nombreux livres et articles, j'ai pu exercer quelque influence sur la marche de ces vérités et de ces erreurs, je voudrais que cela ne comptât que pour donner un peu plus d'autorité aux rétractations qu'on pourra trouver en certains chapitres de cet ouvrage. Je les fais de bonne foi, voulant prendre ma part des erreurs : au surplus, je compte ne point parler en « gendelettre », mais en artiste que tous les arts ont passionné et que seul leur intérêt guida toujours.*

Je m'attacherai surtout à l'étude des conditions de l'évolution de la peinture, parce que, de tous les arts, elle est celui qui est officiellement le plus organisé, par le système des Écoles des Beaux-Arts, des Salons à jurys, des commandes d'État, et par conséquent celui qu'une réaction individualiste devait le plus nettement tendre à transformer. Je compte montrer que c'est aussi, de tous les arts, celui auquel l'individualisme a fait le plus de bien pour lui faire ensuite le plus de mal, jusqu'à une crise fort dangereuse. Là on peut saisir sur le vif les avantages et les périls inhérents à la répudiation de toute discipline. Mais cela se voit dans tous les arts, bien qu'à un degré moindre, et j'espère que cela ressortira de l'étude des diverses grandes manifestations indépendantes de l'art français moderne : l'impressionnisme, le symbolisme, le wagnérisme, la prosodie vers-libriste, le debussysme, qui nous ont apporté tant d'émotions nouvelles et d'idées ingénieuses, en marge de l'art officiel, jusqu'à ce que celui-ci les ait acceptées de bonne ou de mauvaise grâce.

Où en sommes-nous ? Quelles sont nos armes pour demain, pour ce demain qui, en Europe, va tant compter sur nous ? De quoi devons-nous nous défier ? L'individualisme, après avoir joué un rôle très utile et très beau, va-t-il suffire, ou au contraire est-il temps de nous refaire des disciplines et de rebâtir, au-dessus de la mêlée des tempéraments et des chercheurs isolés, une École française ? On va nous offrir de se mettre à notre école, on va nous confier un grand rôle : sommes-nous prêts ? c'était l'angoissante question nationale d'avant-guerre. Elle va se reposer dans le domaine artistique. Sommes-nous prêts ? Nous avons les talents et les tempéraments : suffiront-ils sans des méthodes, et ces méthodes, s'il en faut, comme je le crois, quelles seront-elles ?

I

PEINTURE

I

L'art impressionniste. L'étude de la lumière considérée comme sujet capital de tout tableau. Manet et Monet. La recherche de l'expression du caractère moderne. Union du réalisme et de l'impressionnisme. Les autres groupements indépendants, parallèles à l'impressionnisme. Décadence de l'expression de la vie intérieure, de la composition et du style.

Le nom vague et inexact d'*impressionnisme* a été donné à un vaste mouvement, le plus significatif dans la peinture du dernier tiers du XIXe siècle, par hasard : un tableau de Claude Monet, exposé en 1867 et intitulé *Impression*, ayant fait scandale, le public appela « impressionnistes » les novateurs qui lui semblaient peindre de cette manière, et ils acceptèrent le nom, comme, vingt ans plus tard, les poètes qualifiés « décadents » se parèrent de cette épithète méprisante avant de désigner sous le nom de « symbolisme » leur credo esthétique.

En réalité, le nom d'impressionniste, consacré par l'usage malgré son insignifiance, s'est appliqué à un certain nombre d'artistes indépendants assez différents les uns des autres, qui n'ont jamais songé à formuler une esthétique et à constituer en école leur groupement amical, puisque précisément ils s'élevaient contre l'esthétique préconçue et contre toute école en matière d'art, n'admettant que la recherche individuelle devant la nature.

On peut ramener les idées qui associaient ces artistes à deux principes fondamentaux : l'*étude de la lumière* et l'introduction dans l'art plastique de la notion de *caractère moderne*, considérée comme une formule légitime d'émotion et de beauté.

La grande personnalité d'Édouard Manet reste le centre de l'art dit impressionniste. Il ne faut pas oublier cependant que Manet n'est venu à la pratique du premier des deux principes que je viens d'énoncer qu'après 1870. Auparavant, c'était un peintre de style, influencé par les Espagnols, peignant par tons entiers avec une maîtrise toute classique, travaillant à l'atelier, s'occupant peu ou point du plein-air. Si Manet s'était attiré de violentes attaques, c'était non point tant à cause de sa technique que du choix de ses sujets. On l'incriminait du réalisme le plus offensant, alors qu'il s'en tenait simplement à étudier la vie contemporaine et à la rendre avec une sincérité absolue. Manet a été le premier et le plus résolu réalisateur du second des deux principes de l'art impressionniste, la recherche du caractère. Mais quant à l'étude de la lumière, c'est à Claude Monet qu'en est due l'initiative. Dès 1863,

Claude Monet, conseillé par Eugène Boudin et par le Hollandais Jongkind, commençait ses hardies études d'atmosphères. On raconte même que Manet les vit d'abord avec une indifférence un peu dédaigneuse, en artiste discuté et célèbre qui voit s'émanciper un jeune débutant. Puis il se lia avec Monet, et au lendemain de la guerre il se mit à peindre dehors en se préoccupant des jeux de la clarté. Ce fut la seconde période de sa vie artistique, de 1870 à 1883, durant laquelle, abdiquant son ancienne manière puissante et sombre, il réalisa une série de très belles œuvres lumineuses, tandis que Monet développait ses théories et atteignait à une maîtrise singulière. Il est donc nécessaire de bien préciser que toutes les notions esthétiques et critiques relatives à l'art impressionniste en tant qu'expression de l'atmosphère sont nées des œuvres originales du précurseur qu'a été Claude Monet, et que sur ce point Manet n'a été que son émule, sinon son élève. Sans l'éveil donné à sa vive intelligence par les recherches de Claude Monet, la production de la fin de sa vie eût peut-être été toute différente.

Autour de Manet et de Monet se groupèrent des peintres dont les plus considérables ont été Auguste Renoir, Edgar Degas, Alfred Sisley, Camille Pissarro, Berthe Morisot, Armand Guillaumin, Albert Lebourg. Je ne puis parler, en ce court volume, de chacun d'eux. Mais il importe d'abord de définir ce qu'ils apportaient dans l'art, en opposition formelle à l'École, l'étude de la lumière, et la recherche du caractère moderne. Ces deux principes ont été affirmés par eux, soit conjointement, soit séparément, avec tant de fécondité et tant de force, que toutes les qualités et tous les défauts des trente dernières années de la peinture française, et même européenne, en sont résultés.

L'étude de la lumière a été pour les impressionnistes le *sujet capital de tout tableau.* Ils ont cherché avant tout, devant n'importe quel site ou n'importe quelle figure, à rendre la vibration des atomes lumineux qui enveloppaient ce site ou cette figure, à donner la sensation de l'air ambiant. Et pour cela ils ont jugé indispensable qu'un tableau fût exécuté entièrement, jusqu'à la moindre touche, sur nature, sans travail à l'atelier. Cette préoccupation a été si vive chez Claude Monet qu'il a réalisé des séries de variations sur un même motif, travaillant à douze ou quinze toiles successivement selon les heures de la journée, de l'aurore au crépuscule, et s'efforçant de noter les plus subtiles modifications des ombres et des lumières, qui étaient pour lui le sujet réel et unique de toute la série. L'École vivait sur le principe conventionnel du *ton local.* Pour l'impressionniste, ce ton n'existe pas : les réactions et les associations du spectre solaire transforment incessamment la coloration de toutes choses, tout n'est que reflets, et les ombres elles-mêmes ne sont que des réactions composites de la lumière. Le centre d'un tableau est le point où la lumière est le plus intense, et l'art du peintre consiste à graduer les décroissances de cette intensité dans les différentes parties du tableau. Aucune coloration n'est unitaire et fixe, mais chaque teinte que nous voyons est le résultat d'un mélange de diverses tonalités éparses dans l'atmosphère, s'influençant réciproquement. Ce principe avait déjà été observé et appliqué par Chardin, et Delacroix en tenait grandement compte. De là la nécessité de peindre par touches de couleurs *pures* juxtaposées, c'est-à-dire avec les tons fondamentaux du spectre solaire, la fusion de ces touches juxtaposées s'accomplissant non sur la toile, où toutes les couleurs mêlées produisent un gris terne, mais sur la rétine du spectateur. L'étude du spectre démontre que le violet et l'orangé ont la part la plus importante dans la coloration et se mêlent majeurement à toutes les autres couleurs. Il n'y a pas de noir pur dans la nature, le noir étant l'absence de toute vibration lumineuse, et l'ombre la plus profonde est encore zébrée de bleu par la couche d'air interposée entre elle et notre œil.

Le dessin linéaire est une fiction et un procédé. La nature ne connaît pas ces cernures conventionnelles autour des objets. Elle nous présente des plans différemment colorés, et les contours de ces plans se relient par des vibrations lumineuses participant de la coloration des deux plans. Une masse de feuillages, par exemple, se détachant sur un ciel bleu, à la limite du vert et du bleu se produit une radiation orangée. Aucun contour n'est arrêté dans la nature. La perspective est une notion non naturelle, mais apprise et inventée après coup; les enfants l'ignorent, ils étendent les mains pour toucher des objets très éloignés parce que leur rétine n'est sensible qu'à la différence de coloration des plans. Un paysage n'est véridique qu'au degré où l'artiste pourra donner la sensation de l'air lumineux qui le baigne. Dans un intérieur, ce rôle de l'atmosphère est différent, mais non moins important, et une figure même est un objet plongé dans l'air et dont le coloris dépend des objets qui l'environnent. En un mot, la lumière est le sujet de tous les tableaux.

Les maîtres anciens n'avaient pas cette préoccupation. Ils ne cherchaient pas à *égaler* la lumière, mais simplement à la *représenter*. Ils se contentaient d'un éclairage d'atelier tout conventionnel, s'occupaient avant tout du dessin et du modelé, et même lorsqu'ils plaçaient un personnage sur un fond de paysage, ce n'était pour eux qu'un fond comme une tapisserie ou un mur, il n'y avait pas liaison véridique entre ce paysage décoratif et la figure peinte dans l'atelier. Au reste, le paysage n'a jamais été considéré, jusqu'à la fin du XVIIIe siècle, par les peintres de figures, que comme un accessoire, et ils tenaient le paysage et la marine, en soi, comme de très petits genres. Il a fallu Constable et notre école romantique pour faire du paysage un genre supérieur, et substituer à l'antique « paysage composé » l'étude directe d'un morceau de nature, jugé digne d'intéresser et d'émouvoir sans le concours d'aucune figure, par sa seule beauté. On ne peut douter que les maîtres anciens et même les primitifs (par exemple Cima de Conegliano) aient perçu la loi des vibrations lumineuses, des tonalités complémentaires ; mais elle restait étrangère à leur préoccupation du style, et ils coloraient conventionnellement, cherchant surtout à associer des tons riches, usant pour les ombres de tons bruns ou noirs qui n'étaient que les repoussoirs de l'effet lumineux. On ne trouve guère d'exception à ce principe que chez Rubens, Hals et La Tour, et plus précisément chez Watteau, Fragonard et Turner, qui furent les précurseurs inconscients de l'impressionnisme. A celui-ci revient l'originalité d'avoir voulu appliquer rigoureusement, et même scientifiquement, les lois de la réaction chromatique et d'avoir créé ainsi une période toute nouvelle de l'art du paysage — car c'est surtout dans le paysage que l'impressionnisme s'est affirmé.

Un pareil principe ne pouvait qu'exciter la désapprobation de l'École. Elle venait à peine de se résigner à admettre le paysage « réaliste » des peintres de 1830-1860, de Théodore Rousseau, Millet, Daubigny, Diaz, Corot. Elle s'était opposée à ceux-ci pour des raisons d'esthétique théorique, n'admettant guère qu'on fît d'un site non animé un motif d'art suffisant, alors que pendant des siècles le paysage avait été réduit au rôle de décor occasionnel, la figure restant seule « noble ». Mais l'École n'avait pu résister au courant d'opinion qui avait entraîné le romantisme vers la poésie de la nature ; et elle n'avait pu, d'autre part, nier les qualités de dessin et de construction des paysagistes de 1830. Ceux-ci, tout en tenant compte de la vérité des effets lumineux, se bornaient pourtant à des effets assez ordinaires, ils donnaient toute l'importance au côté plastique et sculptural du paysage, aux plans du sol, à la structure des arbres, à leur aspect décoratif, et ils cherchaient avant tout à exprimer le sentiment et le caractère d'un site, à faire de véritables et minutieux « portraits de nature ». L'École se révolta lorsqu'elle vit que, pour les impressionnistes, ces derniers soucis de style s'abolissaient, la recherche de la luminosité primant tout. Certaines de ses critiques étaient d'ailleurs fondées. Les impressionnistes furent bientôt trop enclins à ne considérer le « motif » que comme un prétexte à l'étude des vibrations chromatiques : un champ, un arbre, leur suffirent, et le style et l'émotion disparurent de plus en plus. Dans le brouillard lumineux des taches juxtaposées, le caractère propre des sites devint impersonnel, et de quelque coin que fut daté le tableau, il en rendit de moins en moins la physionomie particulière. Il importait peu à l'impressionniste qu'on « reconnût » un lieu, la lumière étant pour lui le vrai sujet, c'est-à-dire une symphonie colorée sur n'importe quel thème. La lumière devenait essentielle au détriment du caractère local : et ce n'est pas par la lumière que nous nous souvenons d'un site préféré, c'est par ses mille détails et par l'âme qui en émane. C'est pourquoi, si l'impressionnisme a multiplié des joies pour nos yeux, il ne faut en attendre que peu ou point d'émotion de pensée. Il est tout d'extériorisation et de magie optique.

Les principes posés par l'impressionnisme, et appuyés par des réalisations éblouissantes, n'en devaient pas moins créer une sensation profonde dans l'art. Ils apportaient en effet un soulagement joyeux à tous ceux que lassait la peinture bitumineuse de l'École. La palette s'éclairait, la couleur se mettait enfin à chanter librement, le soleil entrait dans l'atelier sombre, et malgré les plus violentes oppositions toute une jeune génération s'en alla planter ses chevalets dans les champs. D'année en année les Salons se remplirent de toiles claires, qui finirent par en exclure les tableaux noirâtres. Une boutade de Degas exprime cette évolution du noir au clair : « La peinture, ç'a d'abord été le café, puis le café au lait, puis le lait. » Personne ne voulait plus user de tonalités foncées, on exigeait de la lumière partout, et les impressionnistes, toujours refusés par les jurys des Salons, y voyaient avec ironie leurs principes s'insinuer.

L'ostracisme dont ils étaient victimes les conduisit, afin de pouvoir montrer leurs travaux au public, à louer des galeries particulières pour y exposer librement. Le public y alla d'abord pour rire, puis, peu à peu, les défenseurs et les admirateurs se groupèrent. Ce fut l'origine des expositions particulières et individuelles, dont le principe est excellent, puisqu'on y voit la série des recherches d'un seul artiste dont on peut ainsi suivre le développement logique. Rien n'est plus factice, plus disparate et plus laid que la cohue des Salons où des œuvres incompatibles sont entassées au hasard et où la fatigue et la saturation désarment vite tout jugement. Repoussés des Salons, les impressionnistes prirent le parti de s'en passer ; presque tous, d'ailleurs, nés sans fortune, raillés, incompris, ne pouvant rien vendre, ont connu de longues années de misère, et ce n'a pas été un des moindres sujets de jalousie des peintres académiques que de voir ces artistes parvenir à la gloire et à l'aisance, voire à la richesse, malgré leur constante opposition dans les milieux officiels.. Il est à noter que, hormis Manet qui obtint tardivement un ruban rouge, et Renoir qui, dans sa vieillesse, fut nommé chevalier, puis officier de la Légion d'honneur, aucun des impressionnistes célèbres n'a même reçu la simple croix qu'on prodigue à des centaines d'artistes médiocres : et aucun d'eux n'a obtenu une commande de l'État ! Alors que les musées et les collections d'Europe ont couvert d'or les plus beaux Manet, Monet, Renoir et Degas, l'État n'a accueilli que péniblement quelques dons et legs, dont un, le legs Caillebotte, offrant aux musées français une soixantaine de belles œuvres, provoqua par son acceptation un véritable scandale. L'École ne craignit pas de menacer d'« abandonner l'enseignement d'art qui lui avait été confié, si l'on acceptait de placer dans des musées, à la vue des jeunes artistes, des productions qui étaient les démentis les plus violents de cet enseignement lui-même ». Et le fougueux Gérome, guidant des critiques étrangers dans les salles de l'Exposition de 1889, où l'on avait fait place aux impressionnistes, s'écriait : « Passez vite, messieurs, voici la honte de l'art français ! » Aujourd'hui ces fureurs semblent incompréhensibles, et la technique impressionniste n'étonne plus personne, elle n'est même que trop banalisée. Mais si le principe de l'exposition particulière fut jadis une nécessaire et juste défense vitale pour les artistes exclus des Salons, il s'est maintenu indûment et est devenu abusif et nuisible, car les peintres reçus aux Salons ont pris l'habitude d'exposer, en outre, tout le long de l'année dans les petites sociétés qui se sont multipliées.

Les conséquences de l'innovation technique de l'impressionnisme ont été immenses dans le domaine de la peinture décorative, bien que Manet et ses amis aient été systématiquement privés du moyen d'adapter leurs procédés à la décoration des monuments officiels. Une des conséquences de leur art aura été l'affiche moderne, véritable décoration de la rue. Son initiateur aura été un grand artiste, Jules Chéret, qui en reste le maître incomparable et fut le premier à utiliser l'affiche en couleurs, dont il enrichit sans cesse les gammes chromatiques. Il y appliqua superbement les théories impressionnistes sur les plans colorés et la division des tons, et lorsqu'il fut devenu célèbre comme affichiste il se révéla pastelliste et décorateur de grand style. L'œuvre de Chéret, quintessence de la grâce française, héritière du charme du XVIIIe siècle, et en même temps si intensément moderniste, le rattache au groupe des grands impressionnistes, bien qu'il ait travaillé à part et n'ait encouru aucune de leurs vicissitudes. Une autre conséquence de l'impressionnisme aura été la rénovation du décor de théâtre qui est aujourd'hui tout à fait issu des théories de Monet. Enfin, l'illustration du livre et du magazine a été transformée par cette influence, et il n'est pas jusqu'à l'art des couturiers qui ne s'en soit ressenti.

Quant au second point des revendications de l'art impressionniste, l'expression du caractère moderne, il était propre à révolter l'École plus encore qu'une simple question de technique, car il s'opposait directement à toute une tradition dogmatique, à ce que l'École appelait la « noblesse de l'art », et à l'idée même du « sujet » en peinture. L'École avait fini par se résigner à admettre que la révolution d'art romantique substituât des personnages historiques et tragiques aux Grecs et aux Romains de l'école de David. Mais il restait pour elle irréductiblement admis que les lois de la composition et du style ne pouvaient être employées pour exprimer des scènes de la vie familière contemporaine. Cette croyance, qui nous semble aujourd'hui si singulière, avait force de loi incontestable. Il en résultait les contradictions les plus bizarres. L'École méconnaissait les scènes plébéiennes des Hollandais, les scènes rustiques et ouvrières des Le Nain, l'art anecdotique du XVIIIe siècle. Tout au plus ravalait-elle ces choses à la petite peinture dite « de genre, » aussi dédaignée que celle des animaliers. Elle tolérait les scènes militaires comme une variété mineure de la peinture d'histoire, mais il lui semblait monstrueux que l'on introduisît dans l'art les spectacles de la rue et de l'usine, l'ouvrier, le paysan vrai, la femme du peuple, le costume moderne autrement que dans le portrait. En un mot, le spectacle de la vie quotidienne n'était et ne pouvait être matière d'art et de style, et cette affirmation semblait intangible, en dépit de tant d'exemples du passé. C'est pourquoi Manet souleva dès ses débuts des tempêtes. On a peine à se figurer aujourd'hui les motifs allégués pour le maudire. Les premières œuvres de Manet scandalisèrent au point de vue de la technique, parce qu'il usait beaucoup de noirs et de gris à la manière espagnole, parce qu'il simplifiait beaucoup le modelé des figures, voyant par larges contrastes de lumières et d'ombres et supprimant les demi-teintes. Cela semblait archaïque, primitif et dur. Mais ce scandale n'était rien auprès de celui des sujets. Un des tableaux de Manet qui souleva le plus de réprobations fut *le Déjeuner sur l'herbe.* Ce tableau nous paraît aujourd'hui sage et assez terne. Manet ne songeait nullement alors au plein-air et ses procédés étaient ceux de l'atelier classique. Il avait représenté quelques artistes en partie de campagne, goûtant sur l'herbe en compagnie d'un modèle féminin nu. Il n'avait songé qu'à un contraste pictural entre la chair et les vêtements : le paysage était traité à la façon d'un fond de tapisserie, sans aucune vérité chromatique. On cria à l'intention d'obscénité, à cause de cette femme nue assise au milieu de ces messieurs vêtus, sans même s'apercevoir que tous les Vénitiens ont trouvé naturel d'en faire autant, et que Titien lui-même en témoigne au Salon carré du Louvre ! Tel était alors l'état d'esprit. On eût pardonné si les personnages, au lieu d'être en veston, eussent été affublés de costumes romantiques, lesquels étaient modernes pour les personnages de Véronèse ou de Titien ! Cet exemple suffit pour montrer combien l'accusation de « réalisme » était alors vague et illogique. Il en a été de même pour la fameuse — et surfaite — *Olympia,* et Manet était traité de « voyou », bien qu'il fût personnellement un homme élégant, lettré et très fin, parce qu'il osait peindre un café, une gare, une rue, un jardin public. On ne voulait pas voir la superbe franchise de sa technique, la puissance qui fait du *Bar des Folies-Bergère*, par exemple, un des plus admirables morceaux de maîtrise de l'art moderne. On instruisait contre lui le même procès qu'on faisait à Zola, à Baudelaire, ses conseillers et amis, à Flaubert, aux romanciers de la fin du second Empire et du début de la troisième République.

Le procès est aujourd'hui jugé sans appel. Nous avons vu toute une école procéder de l'initiative de Manet, et s'attacher au caractère réaliste, assez timidement avec Bastien-Lepage, hardiment avec Alfred Roll, J.-F. Raffaëlli : tandis que d'autre part cette étude du modernisme et du caractère d'art de la vie et du décor déviaient aussi vers les spectacles d'élégance, de beauté, d'émotion intimiste, avec les portraits de Besnard, les scènes mondaines de Prinet ou de Blanche, les émouvantes maternités d'Eugène Carrière. Ces artistes, entre bien d'autres, démontraient que le double principe de l'impressionnisme, étude de la lumière vraie, étude du caractère moderne, pouvait ne pas se limiter à ce qu'on maudissait sous le nom étroit et factice de réalisme, à la mise en scène du paysan, de l'ouvrier, de la rue. Ceux-ci étaient plutôt trop montrés après avoir été honnis : la République, en conviant ses peintres à décorer les monuments nouveaux, ne les engagea que trop d'abord à flatter la démocratie laborieuse en copiant ses costumes, ses mœurs et ses occupations sur les murs des salles de mairies et d'hôtels de ville, et il y eut là durant quelques années un abus de « réalisme officiel » qui d'ailleurs ne plut guère au peuple, lequel, malgré l'apparence, ne cherche guère le réalisme dans les arts et préfère ce qui excite son imagination. On en est heureusement revenu à une plus haute conception du style décoratif en voyant les chefs-d'œuvre allégoriques de Besnard et de Puvis de Chavannes, pourtant si reliés à la « réalité humaine », mais avec profondeur et non seulement par la vérité du petit détail et de l'anecdote.

L'impressionnisme a exercé une salubre et brillante influence sur tous les peintres depuis 1870. Eugène Carrière est le seul qui y ait totalement échappé. Mais cette influence n'a rien eu de tyrannique pour beaucoup d'excellents artistes qui ont tenu compte de justes trouvailles techniques sans renoncer à des visées esthétiques très différentes de celles de Manet et de ses amis, sans renoncer à la composition stylisée et à l'expression prédominante du sentiment. Il y a eu le grand exemple d'Alfred Roll, beau technicien, fécond et puissant créateur, riche d'émotions sincères, qui a évolué des scènes réalistes à un art plus synthétique, à l'allégorie décorative, au symbolisme parfois même, en restant toujours intensément humain. Il y a eu le grand exemple d'Albert Besnard, coloriste prestigieux, amoureux de la nuance, expert en toutes les techniques de l'aquarelle, du pastel, de l'eau-forte, de la peinture murale, maître du portrait et du nu comme du paysage, enrichissant nos musées et nos monuments d'œuvres où la réalité est constamment animée d'une poésie lyrique et panthéistique. Il y a eu le beau groupe constitué amicalement par René Ménard, Lucien Simon, Charles Cottet, André Dauchez, René Prinet, unissant des tendances diverses, mais se montrant également soucieux de style, de dessin expressif, de sentiment, au point de ne pas craindre la « manière noire » plutôt que de sacrifier au prestige de la couleur la part prépondérante du caractère. Il y a eu l'admirable paysagiste Le Sidaner, évocateur de la poésie silencieuse des sites, amené graduellement à appliquer la technique impressionniste, en la raffinant encore, à l'expression de la vie intimiste, et reprenant ainsi la tradition de Corot. Une tendance analogue a inspiré les figures exquises du portraitiste Ernest Laurent. Il y a eu l'art décoratif lumineux et puissant de Henri Martin, conciliant la stylisation symboliste de Puvis de Chavannes et le procédé impressionniste, voire même pointilliste, pour créer quelques-unes des plus nobles décorations murales de notre temps. Il y a eu Eugène Carrière, tendre et pensif génie isolé, excluant de plus en plus la couleur et atteignant par la seule magie d'une tonalité bistrée et d'un magistral dessin par plans et volumes à la puissance sculpturale. Ces artistes, et d'autres encore, ont été et sont les gloires de l'École française contemporaine ; aussi indépendants de l'art officiel que de l'art impressionniste, ils ont cherché et trouvé selon leurs âmes, ils ont été contestés et même reniés avant d'imposer la sincérité et la valeur de leurs talents.

Le cas de Gustave Moreau n'a pas été des moins singuliers. Fils intellectuel de Delacroix, d'Ingres, de Chassériau, de Puvis de Chavannes, cet artiste doué d'une imagination opulente, lettré, érudit, créa dans le silence une considérable œuvre symbolique et légendaire inspirée des mythes grecs, des Primitifs, de la peinture persane, mais aussi fâcheusement gênée par un académisme conventionnel. Cette œuvre fut aussi cachée que la vie de son auteur, qui finit pourtant par être nommé membre de l'Institut et professeur à l'École des Beaux-Arts, moins par admiration de la part de ses collègues que par protestation contre l'impressionnisme et par égard au choix de ses thèmes et au style de leur interprétation. Moreau se trouva être un admirable professeur, d'une grande libéralité d'esprit ; il forma des élèves dont il ne contraria pas les tendances, très diverses, et dont certains devinrent des allégoristes comme Desvallières ou Piot, d'autres, comme Bussy, Rouault ou Matisse, des néo-impressionnistes parvenant à la négation même des principes immuables de la peinture représentative. Avec Fantin-Latour, artiste autrement profond et parfait, Moreau peut être compté parmi les isolés remarquables que le vaste mouvement impressionniste ne sembla pas atteindre.

Il faut encore noter l'influence qu'a exercée sur beaucoup de peintres l'art subtil, mystérieux et raffiné d'un Whistler. Il entre dans le plan et le but de ce volume de s'attacher aux idées directrices beaucoup plus qu'aux personnalités. D'une façon générale, ce qu'il faut donc retenir, c'est que si l'art impressionniste a été la plus sensationnelle manifestation d'une volonté de rompre avec tout principe d'École, il n'a pas été la seule. A sa suite ou parallèlement, dès 1880, un art non-officiel s'est révélé vigoureusement, tenant compte des originalités chromatiques des amis de Manet, mais suivant sans servilisme des directions très différentes et n'entendant pas réduire toute la peinture à une question de technique. L'art l'expression, d'émotion humaine, a trouvé là des occasions de belles et fières œuvres ne rappelant plus guère l'impressionnisme que moralement, si l'on peut dire, par l'affirmation de la recherche personnelle, par la foi dans la beauté valable du caractère de la vie moderne, et non par des imitations de recettes et de procédés.

Ces manifestations indépendantes ayant conquis le succès, leurs auteurs ont connu la fortune habituelle des artistes novateurs doués d'un véritable talent : c'est-à-dire qu'après avoir été des « indépendants » et sans avoir cessé de l'être moralement et esthétiquement, ils ont trouvé l'aisance, la célébrité, les honneurs, et, devenus des maîtres, ont été acceptés et même revendiqués par l'art officiel, lequel s'est toujours revigoré par la tardive incorporation d'hommes qu'il avait d'abord proscrits. L'exemple de Besnard, jadis si attaqué, aujourd'hui directeur de la villa Médicis, est le plus typique. Mais il est nécessaire de constater que l'art officiel, professé par l'Institut et l'École des Beaux-Arts, n'a apporté, en regard de toute cette évolution, de toutes ces initiatives, aucun grand tempérament, aucun corps de doctrines. Il y a assisté en fulminant d'abord, puis avec passivité, et s'est montré impuissant à défendre tout idéal contre les excès et les véritables folies d'individualisme qui allaient suivre.

On peut dire qu'en général les mouvements picturaux depuis l'apogée impressionniste ont tendu à libérer le peintre du dogme de la *représentation directe* de la nature pour l'autoriser à une *interprétation* dont la limite d'affranchissement a été de plus en plus reculée au nom des droits de la vision et de la fantaisie arbitraire de chaque individu. Or, une telle conception conduit forcément à dépouiller la nature des aspects que chacun convient d'y voir, et à atteindre à ses plans et à ses volumes, c'est-à-dire à une synthèse géométrique qui est l'armature de toutes ses formes variées. Mais cette réduction finit par éliminer ce qui fait précisément le charme pictural, et on aboutit logiquement à la sécheresse linéaire, au cubisme. En sorte que la peinture peut repartir du cubisme et de la géométrie pour ressaisir inversement tous les détails et agréments de la visibilité, dont l'impressionnisme, en s'en tenant à la transposition de l'atmosphère, n'exprimait plus que les plus fugaces instantanéités.

Ce qu'on peut dire encore, c'est que toutes les tendances techniques de la peinture moderne ont abouti à éliminer presque complètement le souci de l'expression psychologique tel que l'ont eu à un si merveilleux degré les Primitifs italiens, un Rembrandt ou un Holbein. Le sentiment et la suggestion de l'âme ne préoccupent plus les peintres. Le portrait s'en est ressenti, et le tableau composé, exprimant un sujet, est à peu près mort. Prenons des exemples académiques. Quel regard avait Oreste en accusant sa mère? Quelle était la physionomie de Manlius envoyant son fils à la mort? Voilà des questions qu'on laisse à la littérature le soin de résoudre, et qui peuvent pourtant l'être par le dessin et la couleur, puisque la vie plastique les exprime par les yeux, la face et le geste. La peinture est devenue toute d'extériorité, on ne peut plus rêver devant elle et ses combinaisons colorées n'exercent guère qu'un attrait tout optique. Le *sujet*, qui fut un dogme, est indifférent : tout prétexte un jeu chromatique qui est devenu l'essentiel, — et c'était une réaction inévitable après l'École, mais la peinture a perdu là un de ses idéals, et, malgré tant de talents, elle a cessé d'être ce que Delacroix voulait en faire, l'émule de la symphonie et de la grande poésie.

On peint la figure humaine aussi indifféremment qu'un paysage ou une nature morte, en tant qu'assemblage de plans et de couleurs; et c'est pourquoi on ne trouvera dans aucun portrait moderne, depuis ceux de Carrière et de Whistler, ces motifs de songerie qui font immortelles les effigies peintes par un Bronzino, un Lotto, un Holbein, un Prudhon, parce qu'elles incarnaient une race et une mentalité : à plus forte raison ne trouve-t-on dans l'art contemporain aucune de ces beautés de transfiguration qui rayonnent dans Luini, Pérugin ou l'Angelico, et qui ouvraient à la peinture le ciel mystique. Rien ne s'adresse plus à l'âme dans cet art que le style abandonne de plus en plus, auquel tout motif est bon, qui ne trouve plus de sens à ce qui était jadis élevé ou bas, et qui représente pour le seul plaisir de représenter. Il y a là indéniablement une déchéance et une perversion sensualiste à laquelle l'impressionnisme a grandement contribué. Par haine de la fausse noblesse, il a écarté de l'art pictural les noblesses nécessaires, le style et l'expression de l'âme, voulus avant tout par les vrais grands maîtres, pour lesquels peindre n'était qu'un moyen de rendre perceptible la vie intérieure.

II

Le cézannisme et son influence ; Cézanne, Gauguin, Redon, Van Gogh. La peinture symboliste et néo-impressionniste. Le pointillisme. Les « fauves ». Le cubisme. Le futurisme.

L'abandon, au profit de la notation toute pure, du style et de la composition par les impressionnistes, devait forcément amener une réaction ; et, parallèlement aux écrivains symbolistes de 1890, les jeunes peintres indépendants, mécontents du réalisme anecdotique comme de la simple notation d'effets, cherchaient confusément un art plus synthétique, plus stylisé. Cette réaction se groupa assez bizarrement autour de l'œuvre de Paul Cézanne.

Camarade de début des grands impressionnistes, cet Aixois s'était retiré de bonne heure en son pays natal, et il y avait produit et vécu fort obscurément, sans prévoir certes que ses toutes dernières années connaîtraient l'adulation d'une partie de la jeunesse, et que ses œuvres ignorées favoriseraient la plus tapageuse spéculation. C'était un homme simple, fruste, qu'une ironie de la nature plaçait dans la situation la plus étrange; elle lui avait inspiré le désir forcené d'être un grand peintre, et elle lui en avait refusé presque tous les dons matériels. Cézanne peinait avec rage, recommençant trente fois une toile, ne pouvant vaincre une gaucherie incurable de l'œil et de la main. Son esprit n'était pas moins disgracié ; il avait des intuitions personnelles, des principes d'autodidacte, mêlés à des manies, à des partis-pris, et en véritable primitif, dans son coin de campagne, il croyait avec naïveté et ferveur réinventer la peinture, d'autant plus sincèrement qu'il était sans culture et, loin de le regretter, se réjouissait d'avoir évité par là toute influence mauvaise pour sa personnalité.

Cézanne aspirait confusément à donner une sorte de stylisation classique à l'impressionnisme, et à force d'obstination il réussissait à peindre des toiles d'une matière assez riche, d'une intéressante ingénuité de vision, mais brutales et même barbarement bariolées. Ses natures-mortes (en grande majorité des études de pommes) étaient le meilleur de son œuvre : quelques-uns de ses paysages aixois étaient solides et bien caractérisés : mais ses figures étaient à peu près toutes d'un dessin maladroit et d'une couleur criarde ou terne, sans expression, sans vie. Enfin quelques essais de compositions montraient une totale impuissance, et l'ensemble révélait un homme singulièrement indifférent à tout ce qui a toujours séduit les artistes. Cézanne reproduisait indéfiniment une table de cuisine, un torchon, une cafetière de fer-blanc et un de ces hideux compotiers de bazar, sans y mettre la grâce intimiste d'un Chardin et sans être choqué de la laide banalité de ces objets, ni comme peintre, ni comme homme. Il convient d'ajouter que Cézanne eut toujours de petites rentes très suffisantes pour la vie qu'il aimait à mener, qu'elles le dispensèrent d'être obligé de vendre, et qu'il ne connut jamais les angoisses de l'artiste pauvre. On ne peut même dire qu'il ait souffert d'être incompris, car, bourru, têtu, défiant jusqu'à la misanthropie, il était à la fois très plein de lui-même et très modeste.

Deux vérités impartiales sont à noter, qui suffisent : la première est que personne, parmi les plus forcenés admirateurs de Cézanne, ne saurait citer de lui une œuvre complète, un véritable « tableau ». Certains ont même poussé le paradoxe jusqu'à soutenir que cette impuissance était précisément la marque de son génie et la raison de sa grandeur. La seconde vérité est que si les œuvres de Cézanne atteignent par le fait des marchands à une valeur considérable, leur vue est une déception pour tous les épris d'art qui, dans tous pays, approchent ses œuvres sur la foi de sa renommée. Tout le monde aurait avantage à ce que Cézanne fût, comme Manet ou Delacroix, une authentique gloire française : il n'en est malheureusement rien. Il s'agit tout au juste d'un honnête et assez vigoureux représentant de petite école provinciale, à laquelle la réputation locale eût dû suffire.

Ce fut un tel homme que, vers 1900, la génération néo-impressionniste choisit pour en faire un héros, un précurseur, un rénovateur du vrai classicisme. On sera stupéfait plus tard des hyperboles prétextées par cet excellent homme et son œuvre lourde des pavés de ses bonnes intentions. Il y eut là un engouement singulier. La jeunesse aime toujours à réhabiliter les martyrs, à réparer les grandes injustices. Elle se plut à imaginer un Cézanne tout différent de l'humble et plate vérité, elle le para de toutes les vertus, — et les plus insignifiantes ébauches du vieil Aixois furent montrées aux snobs comme des trésors mystérieux par des marchands effrontés qui instaurèrent au nom de Cézanne défunt la mystification et la spéculation les plus adroites et les plus frappantes que le trafic des tableaux ait inspirées depuis cinquante ans. La jeunesse avait pourtant l'occasion de faire bénéficier de son enthousiasme un artiste d une tout autre envergure : Paul Gauguin. Celui-là était un grand coloriste authentique, un incompris, un malheureux. Il avait débuté par de remarquables toiles impressionnistes en Bretagne. Invendu, obscur, il s'était expatrié, et, de Tahiti où il était allé vivre et mourir, il avait envoyé des séries de tableaux d'un superbe style décoratif, d'une saveur chromatique absolument originale, d'une incontestable science de composition. Gauguin était, lui aussi, un homme fruste, au caractère assombri par la dureté de sa vie, mais cultivé, intelligent, capable de théories fermes et neuves. Il peignait avec rudesse, mais d'une main superbe, et révélait les plus beaux dons de composition. Ses partis-pris, sa bizarrerie, n'empêchaient pas la lucidité et la profondeur de ses jugements sur l'art d'École et sur la facticité de l'esthétique impressionniste. La mévente, l'insuccès obstiné de ce bel artiste eussent dû achever de le désigner, bien mieux que Cézanne, à l'ardeur réhabilitante des jeunes. Ils louèrent Gauguin, et un certain nombre d'entre eux reçurent ses conseils à Pont-Aven et tirèrent parti de ses belles et curieuses lettres ; mais les marchands suivirent peu ce mouvement, et Gauguin, autrement remarquable que Cézanne, n'a pas obtenu posthumement le vingtième de la renommée de ce dernier, au sujet duquel s'est constituée toute une littérature spéciale.

Enfin, une grande effervescence a été créée autour du nom et de l'œuvre du peintre hollandais Vincent Van Gogh, qui vécut dans le Midi français et à Auvers-sur-Oise. C'était un artiste vibrant, très doué, très sincère, dont on a aussi des lettres intelligentes et généreuses ; mais c'était un névropathe à la vision exacerbée dont l'œuvre se déséquilibra vite après les plus sérieuses promesses, et qui finit par mourir fou, en pleine jeunesse. Bien entendu, parmi ses toiles qui, de son vivant, n'étaient achetées par personne, ce furent les plus démentes que les spéculateurs choisirent plus tard pour les pousser à des prix exorbitants. Les jeunes firent de Van Gogh le troisième terme d'une trinité : mais c'est toujours à Cézanne qu'ils rendirent les suprêmes honneurs. L'avenir se demandera encore avec surprise pourquoi ils firent assez peu d'attention à un artiste infiniment plus grand que tous ceux-là. Le Marseillais Adolphe Monticelli réunissait toutes les raisons de leur désir de glorifier un méconnu... Coloriste de génie, créateur de compositions exquises, les exprimant dans une matière digne de Watteau, précurseur des plus vraies trouvailles de l'impressionnisme, poète adorable du chromatisme, Monticelli était mort dans la misère après avoir végété incompris, ayant conservé dans les pires épreuves le plus noble caractère et dit sur son art des choses prophétiques : un des plus grands peintres du XIXe siècle, tout simplement. Les jeunes l'admirèrent, mais n'eurent pas l'idée de grouper sur son nom et son œuvre les volontés de résurrection glorieuse qu'ils accordaient au gauche et rébarbatif Cézanne, incapable de peindre le moindre des beaux morceaux de Manet, de Monet, de Renoir, de Monticelli ou de Gauguin.

Il y eut, enfin, une certaine élite pour célébrer l'œuvre et l'influence restreintes du pastelliste et lithographe Odilon Redon, illustrateur curieux, symboliste et trop souvent amorphe de Flaubert et de Baudelaire, chercheur d'allégories étranges, homme cultivé, lettré, mélomane, de vie probe et modeste. Mais tout fut éclipsé par Cézanne, — le seul de tous ces peintres auquel le hasard du legs Camondo ait ouvert le Louvre, où ses œuvres d'ailleurs apparaissent piteuses et lui font plus de tort que toutes les critiques.

Le cézannisme était créé, et son influence allait désorbiter de plus en plus la peinture, l'égarer dans une stylisation factice, cherchée dans l'imitation des Japonais, de l'art chinois, des vestiges de l'art khmer, de l'art persan, et même des images congolaises ou papoues, sous le prétexte de revenir à la sainte ingénuité primitive et de se délivrer des formules d'École, qu'on finit même par trouver chez Manet, Degas ou Renoir. Les théories des symbolistes littéraires ne furent pas étrangères à ce dévoiement, et une peinture symboliste se forma parallèlement au néo-impressionnisme.

Celui-ci, dès 1887, s'était manifesté par les essais d'un peintre mort très jeune, Georges Seurat, repris par Paul Signac, Angrand, et le Belge Théo van Rysselberghe. Ces artistes adoptèrent une technique toute spéciale : ils voulurent systématiser le principe impressionniste de la division des tonalités en lui donnant une régularité d'aspect par une juxtaposition d'ocellures de même forme et de même grandeur, par un pointillage, d'où le nom de *pointillisme* donné à cette petite école. Elle ne dura que quelques années et Signac lui reste seul fidèle. Le pointillisme prétendait créer sur la rétine du spectateur, à distance, une recomposition et une fusion des tons dissociés, comme le procédé impressionniste de la tache, mais avec une rigueur mathématique, en se référant aux travaux de Charles Henry et de Chevreul sur le spectre solaire. L'aspect était froid, dur et monotone; la volonté de systématisation apparente, dans ces sortes de théorèmes imagés, excluait le charme et la spontanéité de l'œuvre d'art. Ce n'étaient qu'amusettes techniques. Mais la vision et le style de ces pointillistes ne différaient point des principes du paysage impressionniste.

Les symbolistes, dès 1892, apportèrent des principes tout différents. Groupés autour d'Odilon Redon, ce furent, avec Gauguin, avec le Suisse Ferdinand Hodler, les peintres Anquetin, Emile Bernard (qui s'isolèrent assez vite), Sérusier, Maurice Denis, Edouard Vuillard, K.-X. Roussel, Pierre Bonnard, Vallotton, le statuaire Maillol. Ils quittèrent délibérément toute reproduction directe et toute observation de la nature prise en soi comme but, pour amener avant tout la peinture à des combinaisons décoratives de plans colorés, à des synthèses et à des équilibres rythmiques n'empruntant à la vie que des thèmes librement variés par la fantaisie.

Cette visée d'artistes dont plusieurs ont fait preuve d'un talent séducteur et d'une originalité indéniable fut résumée par une formule : « Avant d'être un cheval, une femme nue ou une quelconque anecdote, un tableau est essentiellement une surface plane, recouverte de couleurs en un certain ordre assemblées ». La formule est de M. Maurice Denis, décorateur remarquable et spécieux écrivain d'art. Elle rompait nettement avec l'art de reproduction dont même l'impressionnisme, « ouvrant la fenêtre sur la nature », n'avait encore été que la dernière phase classique par son étude minutieuse de l'atmosphère vraie. Cette formule fit école. Et cependant, il suffit, pour en montrer l'inefficacité esthétique, de la transposer en littérature : « Avant d'être une passion, un récit, l'exposé d'une thèse, un livre est essentiellement du papier recouvert de mots en un certain ordre assemblés. » Sans ironie on peut dire que, par la vertu de cette formule, le dictionnaire est le plus beau livre du monde, et qu'il suffit d'en disposer les mots en un certain ordre. C'est pur paradoxe que de donner le pas à l'instrument sur la pensée, et si l'on assemble formes et couleurs, c'est afin d'exprimer le paysage, le cheval ou la femme nue comme, si l'on assemble les procédés du style, c'est pour exprimer sentiments ou idées, la couleur et le mot en soi n'étant que des outils.

La formule en question était donc négatrice du tableau dont elle prétendait rénover l'idée et préciser les lois et les nécessités intrinsèques.

Par contre, elle ramenait la peinture au *tapis* c'est-à-dire, précisément, à un assemblage de plans colorés n'ayant de sens et de but que la joie optique sans participation de l'esprit. Du coup le portrait et le sujet psychologique se trouvaient exclus de l'art pictural, et la décoration était limitée aux principes arabesques. Il s'ensuivait de là que l'étude du dessin anatomique devenait inutile, que rien ne limitait plus la fantaisie arbitraire du peintre, et que dès lors la peinture devenait un art singulièrement plus facile qu'auparavant, puisqu'il s'affranchissait de toute transcription du réel et imposait sans contrôle au spectateur une vision individuelle des êtres et des choses.

De cet individualisme absolu résulta d'abord, avec une surenchère de théories plus ou moins viables, une véritable invasion de peintres se dispensant de toute étude et croyant avoir droit au titre d'artistes en juxtaposant des plans colorés avec la seule préoccupation de les colorer le plus étrangement et le plus violemment possible. La diminution de savoir et de conscience ouvrit la porte à une foule naïve ou prétentieuse : la laideur et l'ignorance éclatèrent. Comme les deux grands Salons se défendaient contre cette cohue, on vit se fonder les expositions des *Indépendants*, fondées sur le principe de l'admission libre pour une infime cotisation, puis le *Salon d'Automne*, qui visa à être l'intermédiaire entre les Salons quasi officiels et la masse des *Indépendants*. Ces deux sociétés réunirent ce qu'on peut appeler les « maximalistes » de la peinture selon une véritable organisation de « Soviets », et elles furent aussi le refuge de toute une colonie d'étrangers, russes, scandinaves, allemands, venus chercher fortune dans l'indulgence que le Paris « avancé » garde aux pires excentriques. Dans ces milieux fiévreux on trouva pêle-mêle des inconnus de talent, des chercheurs intéressants et malheureux, des fous, des dévoyés, et tout le misérable prolétariat des fausses vocations. L'art impressionniste parut poncif et timoré auprès de ces amas de toiles hurlantes aux sujets saugrenus, qui trouvaient toujours dans une certaine presse leur justification théorique. La décadence se précipita. Après les pointillistes, qui s'inspiraient des théories de Chevreul sur le spectre *solaire* et prétendaient recomposer mathématiquement les tons dissociés sur la rétine du spectateur, vinrent les outranciers que l'on surnomma les « fauves » et qui, comme M. Henri-Matisse, parvinrent à un véritable délire de laideur déformatrice, en continuant de réclamer du public, pour leurs élucubrations, les grands souvenirs des persécutions suivies de tardifs triomphes qui ont toujours accueilli, fait souffrir et honoré les artistes chercheurs, originaux et sincères.

Enfin vinrent les théoriciens du « cubisme » qui décomposèrent toutes choses en éléments géométriques et s'interdirent même la beauté de la couleur comme un sensualisme indigne de l'art d'abstraction pure qu'ils rêvaient. Ils en étaient à proclamer que la représentation de la quatrième dimension de l'espace est le seul but digne d'une peinture qui se respecte, quand la guerre de 1914 a éclaté. Le cubisme fermait donc le cycle de l'évolution sophistique qui éloignait les artistes plastiques de toute représentation de la nature, et les conduisait à perdre leur art dans la musique et les mathématiques : on ne pouvait aller plus loin dans l'aberration, à la stupeur de tous les peintres de toutes les écoles et de tous les âges que cette démence n'avait pas contaminés. En Italie, un autre mouvement, le «futurisme», n'apparaissait pas moins bizarre, ayant pour prétention d'échapper à la loi de fixité du spectacle peint et d'évoquer, par les moyens statiques de la peinture, la simultanéité des mouvements de la vie en peignant par exemple un cheval avec cinquante pieds pour exprimer la succession des temps de son galop. Toutes ces absurdités faisaient école dans certains milieux étrangers et notamment en Allemagne, où tout ce qui est théorique séduit toujours. Il est bien difficile de savoir si cette évolution ne tournera pas court : mais ce qu'on peut dire d'elle, c'est qu'éloignant résolument l'art pictural de toutes ses lois et de tous ses objets, le nom de «peinture» ne saurait plus convenir à ce qu'elle engendre. On se demande même, devant les compositions cubistes du plus récent et du plus vanté des «maîtres» du genre, l'Espagnol Picasso, par quel reste de poncivité de tels peintres s'astreignent encore à user de toiles, de colorants et de pinceaux, pour élaborer une géométrie et une rythmique des formes aussi étrangères aux principes séculaires que toutes les Écoles ont appliqués à un seul et même but : la représentation suggestive fixant dans le souvenir une émotion ou un aspect de la nature. C'est d'ailleurs encore là, heureusement, le credo de la grande majorité des jeunes peintres, dociles ou indociles à l'enseignement d'École. Mais on ne saurait rattacher les idées et les œuvres du mouvement « fauve », cubiste ou futuriste, à aucune sorte de tableaux, qu'ils soient de Rembrandt, de Watteau, de Turner, de Delacroix, d'Ingres, de Corot, de Degas ou de Manet. Le divorce est total entre l'instrument et la visée.

III

La crise de la surproduction picturale. L'affaiblissement du prestige de la critique d'art. Les méfaits du centralisme. Le préjugé de la nouveauté en art. Le mouvement d'art décoratif. La statuaire et l'influence de Rodin.

Une des causes les plus graves et les plus indéniables de la crise de la peinture « indépendante », de sa décadence technique et de son anarchie stérile, doit être cherchée dans le régime moderne des rapports de l'artiste et du public, c'est-à-dire dans l'état des intermédiaires — marchands de tableaux et critiques d'art. Et c'est là une question de moralité autant que d'esthétique.

C'est un lieu commun de la démocratie que de dire que l'ère révolutionnaire a donné aux artistes leur liberté et leur dignité. On s'est apitoyé sur le sort des artistes de jadis qui étaient les domestiques des seigneurs, dédiaient humblement leurs œuvres aux princes pour en obtenir quelque pension ; rien de plus faux et de plus effronté que ces allégations. Quand l'artiste s'est trouvé investi de la pompeuse dignité de citoyen républicain, il s'est trouvé du même coup privé de protecteurs et placé dans la situation d'un commerçant en chambre. Ses soi-disant maîtres le traitaient en ami, le défrayaient, le laissaient libre de créer à sa guise, formaient ces admirables « cabinets de collection » que le XVIIIe siècle nous a légués et que le XIXe siècle a couverts d'or et a essayé d'imiter sans les égaler. Livré à ses seules ressources, l'artiste, qu'on plaignait si sottement d'avoir été régenté par les fermiers généraux et leurs maîtresses, a eu affaire au bourgeois, aussi prétentieux, mais ladre et ignare, et au marchand de tableaux. Il n'a pas gagné au change !

La première conséquence de ce fameux « affranchissement » a été la surproduction effrénée qui n'a cessé de croître et est devenue un fléau artistique. Il y a cent cinquante ans à peine, les Salons de l'Académie exposaient tous les deux ans une centaine de toiles peintes avec science et amour pour mériter cet honneur. Nous avons aujourd'hui quatre Salons annuels groupant dix mille toiles, et des expositions particulières dans vingt galeries parisiennes tout le long de l'année, sans même parler de la province. Si l'on mesurait la valeur de l'art à l'abondance de la production, l'art moderne éclipserait hautement les plus illustres époques florentines, romaines et vénitiennes. Mais il n'en est rien, et cette profusion a simplement trait à la concurrence vitale, à la nécessité de vendre, et de bâcler beaucoup pour vendre un peu.

Dans cette crise d'une carrière libérale, le marchand de tableaux a pris une place considérable de boursier et de courtier. La législation qui le concerne est caduque et insuffisante. Il en a profité pour s'enrichir, et faire beaucoup de mal. Assurément il existe d'honorables exceptions. Mais, en fait, avec le marchand de tableaux est apparu l'agiotage artistique, qui est une honte du temps présent. Et le mal est devenu très grave quand le marchand de tableaux a conclu une entente naturelle avec le publiciste, conservant le nom de « critique d'art » et ne le méritant plus. Ces deux intermédiaires entre l'artiste et le public ont compris le parti à tirer de leur rôle, ils sont devenus « des puissances », et c'est l'art qui en a pâti.

Le rôle du critique d'art en a été discrédité au point qu'on en a nié l'utilité légitime. La critique d'art est pourtant un organe indispensable. Ami de l'artiste, conseiller du public, le critique honnête, expert, délicat, peut faire à l'un et à l'autre beaucoup de bien. Mais qu'est-il devenu? La France a eu, a encore de très remarquables critiques d'art. Le plus grand a été Baudelaire, qui a fait preuve de génie divinateur. On peut nommer avec reconnaissance et respect Lecoq de Boisbaudran, Charles Blanc, Duranty, André Michel, Henry Marcel, Robert de la Sizeranne, Gustave Geffroy, Péladan, d'autres encore. Mais les mœurs de la presse ont rendu presque impossible la tâche désintéressée de tels hommes. Nous voyons fréquemment aujourd'hui naître de prétendus « critiques d'art ». Une signature paraît un beau jour au bas d'un compte rendu d'exposition, dans un journal. Le signataire se montre dans les milieux artistiques, attire l'attention par des opinions tranchantes. Après peu de temps, il est consacré « critique d'art ». Personne n'a pris de renseignements sur sa moralité et sur sa compétence. C'est le courtier marron d'un marchand de tableaux qui le paie pour vanter ses peintres et dénigrer ceux que patronne son concurrent : les articles sont eux-mêmes assimilés par le journal à la publicité commerciale, et paraissent contre redevance. L'aigrefin est connu des artistes, mais dix aigrefins de ce genre, manœuvrant ensemble devant le public non averti, créent un mouvement d'opinion avec lequel il faut compter, circonviennent les snobs, et enveniment l'anarchie. A mesure que l'art indépendant a multiplié ses manifestations outrancières, ses surenchères de dérèglement, nous avons vu augmenter le nombre de ces critiques suspects et sans mandat défini. C'est là l'intolérable. Personne ne devrait s'improviser critique d'art sans être accepté et garanti par le jugement d'écrivains et d'artistes d'une honorabilité indiscutée, devant lesquels il ferait la preuve préalable de ses études et de sa parfaite moralité. Cette seconde condition est nécessaire, puisqu'il s'agit d'objets d'art ayant une valeur marchande, et que la question d'argent se pose de plus en plus.

Le relâchement des mœurs de la critique d'art,

jadis si intègres au temps d'un Charles Blanc et d'un Baudelaire, a donné lieu à de déplorables scandales. On a vu des journalistes se lancer dans cette carrière, effrayer les peintres, et pratiquer sur eux un véritable chantage, puisqu'après dix ou quinze années de critique ils vendaient un million ou plus des « galeries » composées de tableaux donnés ou achetés à bas prix, en échange de leurs dithyrambes, ou pour éviter leurs éreintements. L'immoralité flagrante de ces manœuvres a inspiré au public la défiance des éloges, et aux artistes le mépris des critiques qui venaient les visiter et leur offrir un concours intéressé ou, en cas de refus, la menace d'une persécution nuisible à leur crédit. L'entente incontrôlée et secrète du marchand et du publiciste a engendré ces procédés de vente fictive, de lancement, de réclame, de trust, qui sont la honte de l'art actuel.

Le cas de la gloire et de la surenchère posthumes de l'honnête Cézanne, qui a enrichi quelques courtiers et afficheurs, a été le plus récent et le plus typique. Bien entendu, non seulement cette entente a servi à faire la fortune de ses partenaires, mais encore et surtout elle a contribué à dérégler totalement l'opinion des amateurs et collectionneurs, et même à l'immoraliser.

La plupart aujourd'hui n achètent plus les œuvres parce qu'ils les aiment, comme les seigneurs et fermiers généraux du XVIIIe siècle, mais parce qu'ils les considèrent comme des valeurs à lots, suivant leur cours en bourse, et les revendront à bénéfice. Ils perdent de plus en plus probité et compétence pour devenir tour à tour les dupes et les complices des « appeleurs » et de leurs compères.

A cette déchéance morale correspond chez les artistes la triste nécessité de surproduire pour arriver à vendre, puisque leur nombre augmente sans cesse. Il leur faut se montrer partout, exposer partout, produire beaucoup de toiles vite faites pour en vendre de-ci de-là ; par conséquent les faire petites, afin de pouvoir les caser en obtenant un prix moyen, et escamotées avec agrément, pour trouver le temps de les accumuler. De là l'abandon des grandes œuvres, qui coûtent de l'argent et du temps, et dont le placement est difficile ; de là l'abus de l'esquisse amusante et lâchée, et la défaillance graduelle de la technique. Un peintre va en vacances sur une plage, et y fabrique cinquante études qu'il s'empressera de montrer et de vendre à l'automne en quelque galerie. Les artistes d'antan ne montraient pas leurs études et leurs ébauches, ils ne montraient que leurs tableaux médités et poussés vers le plus grand degré de perfection. Les peintres d'aujourd'hui sont, de par les mœurs industrielles de l'art, forcés d'utiliser le moindre bout de toile. Au Salon, pour être distingués dans la cohue bariolée et disparate, ils forcent la note et « tirent des coups de pistolet ». Dans les expositions privées, ils vident leur atelier, et font un sort au moindre bout de croquis.

Dans les musées d'art moderne, où l'accession est un degré de carrière, l'acheminement vers le ruban rouge et la commande officielle, l'exiguïté des locaux et l'affluence grandissante des candidats font qu'on accueille de plus en plus des « cartes postales » afin de satisfaire toutes les ambitions. Jadis, un peintre préparait avec amour, durant toute l'année, son tableau du Salon ; il y mettait tout ce qu'il pouvait de savoir et de travail, et s'il rêvait d'être admis dans un musée de l'État, c'était avec le désir de ne livrer qu'une œuvre synthétisant devant l'avenir toute la somme de son talent et de ses convictions. On voit ainsi, au musée du Luxembourg, par exemple, d'anciens tableaux. Quelque opinion qu'on ait de l'esthétique qui les a inspirés, on y sent la volonté, la conscience, le scrupule technique, s'exprimant dans de grandes œuvres composées et poussées. Cette impression s'efface à mesure que les acquisitions récentes multiplient leur entassement, se débordent, de plus en plus petites et improvisées. Ce sont moins des témoignages d'art que des jalons posés par l'ambition, l'idée de consécration disparaît, et il arrive que des artistes, après quelques années, se repentent d'avoir casé en hâte au musée des œuvres aussi sommaires. Il est vrai que d'autre part, en présence d'un tel afflux et malgré les règles, les administrations se décident à transférer discrètement beaucoup de ces études, de ces achats de Salons où la recommandation politique a eu aussi sa part, dans les musées provinciaux. Ceux-ci ont été abusivement frustrés de leurs vieilles belles choses régionales par un centralisme exigeant, accapareur et jaloux, mais on y retrouve avec surprise, dans l'ombre et la désuétude, bien des toiles parisiennes jadis fêtées et exilées au rebut.

Ces considérations m'amèneront à parler des méfaits du centralisme artistique, qui ont grandement aidé à la surproduction funeste, à la démoralisation et à l'excès d'individualisme. Il n'est plus guère douteux aujourd'hui que la ruine des anciennes écoles régionales, suspectes au centralisme républicain, a été un malheur artistique et l'une des causes de l'anarchie dont souffrent nos arts. Une détestable conception de l'unité nationale a abouti à un nivellement. On a proscrit systématiquement les costumes et les coutumes provinciales, on les a couverts de ridicule, on a effacé ces traits divers et charmants du visage artistique de la France, on les a considérés comme des choses fossiles et des oripeaux de carnaval, alors que le Tout-Paris n'avait que sourires pour les importations métèques, raillant la bourrée, mais se pâmant au tango, blaguant la coiffe berrichonne ou le gilet breton, mais adulant les défroques russes ou les verroteries javanaises ou hindoues. La métropole tentaculaire, trustant la mode, la réputation et le gain, a découragé tout artiste provincial, l'a forcé de venir chez elle chercher la gloire et trouver la dépersonnalisation. Les Écoles régionales n'onété de plus en plus que les antichambres des Salons d'un Paris qu'infestait le cosmopolitisme. Et comme les Écoles officielles comprenaient si mal leur rôle régulateur et moralisateur qu'on en arrivait à croire que toute École en soi est un mal, l'individualisme s'est dévergondé dans la surproduction et l'outrance pour se faire entendre dans cette cohue qui quêtait, toujours plus dense, la faveur du Tout-Paris. Vraiment celui-ci est mal autorisé à ridiculiser sous le nom de « la Province » une France plus honnête et plus sérieuse que lui, alors qu'il l'a appauvrie, qu'il a drainé systématiquement ses richesses, qu'il l'a dévalisée de ses meubles, de ses étoffes, de ses faïences, de tout ce que l'art régional y avait accumulé de beautés, pour en enrichir ses intérieurs et lui envoyer en échange sa pacotille et ses rebuts, en déclarant ensuite que la province n'est pas intéressante ! Besogne mauvaise, génératrice d'un séparatisme haineux et non d'une unité morale sincère malgré la fiction administrative, besogne impie et gaspilleuse, dont tout l'art national a pâti. L'Allemagne unifiée elle-même a évité une telle faute en maintenant dans l'Empire plusieurs capitales d'art dont les rivalités engendrent une profitable émulation entre Berlin, Dresde, Munich et Bayreuth, pour le bénéfice du renom allemand tout entier.

Une des plus graves erreurs inhérentes à cette situation devait être et a été la subordination de tout effort d'art à ce qu'on peut appeler le préjugé de la nouveauté. Faire nouveau, commencer par là, est devenu une véritable hantise. L'histoire de tous les mouvements d'art démontre qu'au contraire tous les artistes originaux ont commencé par créer des œuvres traditionnelles, et même franchement imitatrices, qu'ils ne sont parvenus à faire nouveau qu'à force d'approfondir leur technique, et que souvent même ils sont morts sans s'être aperçus de ce qu'ils apportaient de véritablement nouveau. Cet apport résultait d'une longue pratique du métier, et non d'une décision préalable de la volonté.

Le « nouveau » que la plupart de nos indépendants recherchent n'est qu'un facile effet de surprise obtenu par le renversement violent des habitudes du public et des données les plus élémentaires de l'art. Quelques scandales prémédités donnent une notoriété que le talent scrupuleux ne s'assurerait que lentement, une théorie les justifie ; après quoi, le nom étant connu, il est trop aisé d'abandonner scandale et théorie pour prendre « une nouvelle manière » Ceci explique qu'en un temps où l'individualisme commande à chacun de n'avoir nulle règle que son bon plaisir, de ne tenir compte d'aucun antécédent et de réinventer l'art à soi seul, les théories justificatrices de n'importe quel barbouillage foisonnent, aussi multiples qu'éphémères. Elles sont les pavillons couvrant une déplorable marchandise, elles peuvent légitimer verbalement les pires insanités, elles éblouissent les naïfs, elles inquiètent les critiques ignorants qui veulent prendre le vent, ont peur de sembler rétrogrades et de se tromper. J'en ai vu naître et mourir beaucoup depuis vingt-cinq ans. Ce sont les attrape-nigauds de l'individualisme réclamier. Leur principe moral se réclame d'un sophisme qui trouble les plus clairvoyants et les plus honnêtes, et qui consiste à dire, devant une œuvre absurde : « Prenons garde ! On a ri de Beethoven, de Delacroix, de Manet, de Rodin, de Debussy ! »

L'argument, spécieux et pauvre en soi, est pourtant capable d'intimider, parce qu'il n'existe d'autre critérium que le sentiment individuel pour définir la limite précise entre une œuvre inusitée, mais valable et forte de principes logiques, et un paradoxe inviable et inopérant ou une simple mystification. Seule l'épreuve du temps en décide, mais les tenants de « la nouveauté principe d'art » n'attendent pas pour exiger qu'on admire de confiance et pour crier à la persécution, si l'on s'y refuse. J'ai moi-même eu le loisir d'étudier de près ce conflit entre le scrupule et le bluff. Ayant eu à souffrir, avec les écrivains de ma génération, de l'obstruction, de la mauvaise foi, de la partialité systématique de la presse, et m'étant juré de ne jamais les imiter lorsque la maturité me mettrait à même de juger les recherches et les innovations de mes cadets, j'ai dû pourtant désavouer certaines tendances qui me semblaient le fait de l'ignorance et de l'insincérité. Je sais combien

4

il m'en a coûté, combien je me suis défié de moi-même, combien je les ai pesées en ma conscience, combien je me suis accusé d'incompréhension et d'examen insuffisant, préférant être trop bénévole et trop naïf plutôt que de risquer le remords de méconnaître, jusqu'à ce qu'enfin la conviction réfléchie me permît un désaveu public. On n'a pas été, on n'est pas resté un indépendant obstiné, sans avoir très peur de passer pour un « pompier ». Et c'est bien sur cette crainte qu'ont spéculé d'adroits innovateurs, et elle a rendu muets, selon leur juste calcul, bien des publicistes qui veulent demeurer « d'avant-garde ». On peut aisément attaquer le prestige usurpé de gens en place, parce qu'on satisfait à sa conscience et qu'on fait surtout du tort à soi-même : on est très troublé en critiquant des jeunes gens, parce qu'on ne veut pas leur nuire et parce qu'on se rappelle combien, à leur âge, on a souffert de la méconnaissance des aînés. Il faut un courage particulier pour risquer de passer pour un « poncif », et pour « celui qui ne comprend plus ». Mais l'amour sincère des vrais intérêts de l'art donne ce courage et d'autres encore. Il arrive d'ailleurs un moment où les excès de la « nouveauté » s'identifient aux tristes partis-pris de la routine pour produire tout simplement de la laideur — et entre une chromo de Bouguereau et une élucubration cubiste je ne perçois même plus de différences : venues des deux antipodes de la fausse théorie, ce sont deux laideurs qui se rejoignent et n'étaient ni faites ni à faire, quel que fût leur principe générateur.

Cet ensemble de considérations sur le désordre de l'individualisme anarchique s'applique spécialemen à l'art décoratif français moderne.

L'influence grandissante de l'art impressionniste, s'exerçant sur tous les jeunes peintres, amena les jurys du Salon à être forcés d'admettre les imitateurs après avoir obstinément évincé les maîtres, et peu à peu les peintures claires refoulèrent les peintures de recette d'atelier.

La personnalité d'Albert Besnard, prix de Rome converti aux idées nouvelles et apportant les preuves d'un magnifique tempérament, fut de celles qui contribuèrent le plus à préparer une évolution. En 1890, l'antagonisme entre les tenants de l'ancienne et de la nouvelle manière devint si vif qu'une scission s'ensuivit. Une partie des peintres acquis aux idées des réalistes-impressionnistes, las de la routine officielle, constituèrent un second Salon, celui de la Société nationale. Il eut pour caractéristiques de supprimer les récompenses, médailles ou mentions, et de comporter une section d'arts décoratifs. Cela parut hardi : ce n'était que la suppression d'un préjugé inique et ridicule. Jusqu'alors la peinture, la statuaire et l'architecture étaient seules tenues pour des arts, et les émailleurs, verriers, céramistes, orfèvres, brodeurs, meubliers, étaient considérés avec dédain comme des ouvriers, des artisans d' « arts mineurs » auxquels un Salon ne pouvait s'ouvrir ! Aucun démenti plus odieux ne pouvait être donné à cette grande tradition de la Renaissance dont l'académisme prétendait pourtant se réclamer. On vit dès lors au nouveau Salon des preuves vivaces d'un très remarquable mouvement français, attestant souvent beaucoup plus de talent et d'art véritable que les toiles ou les bonshommes de plâtre des sections d' « arts majeurs ».

Je me rappelle encore ce réveil qui donna tant d'espérances. La Société nationale innovait en accordant des salles et des sections organisées aux verriers, aux bijoutiers, aux meubliers, aux céramistes, à tous ceux que les fabricants de tableaux et de statues, gardant pour eux le nom d'artistes, excluaient jusqu'alors dédaigneusement comme « ouvriers », avec un oubli scandaleux des traditions unitaires de l'art qui dotèrent la France de styles incomparables. Le vieux japonisant Bing ouvrait son hôtel de la rue de Provence aux jeunes décorateurs pour tâcher de réaliser des ensembles d'art moderne. On était plein d'enthousiasme, les articles — et les théories, toujours ! — foisonnaient, les particuliers généreux témoignaient de louables initiatives, l'État ouvrait au pavillon de Marsan le musée des Arts décoratifs, on entreprenait la lutte contre la routine des marchands de salons Louis XVI et de salles à manger Henri II, on s'enquérait du mouvement d'art anglais et bruxellois, on rêvait même déjà de rénover les intérieurs démocratiques, de faire de jolies choses à très bon marché pour l'école, pour le prolétaire... Les résultats ont été presque nuls. La routine des tapissiers a tenu bon, les ouvriers qui leur offraient des modèles ont été priés de recopier le Louis XVI ou d'aller ailleurs, les objets établis à bon marché revenaient fort cher, beaucoup étaient incommodes et baroques. Assurément de belles et ingénieuses choses ont été créées, et les sections d'art décoratif aux Salons ont souvent prouvé plus d'art et de talent par leurs bibelots que les sections de peinture et de sculpture par leurs toiles et leurs bonshommes. Mais le grand but, la création d'ensembles permettant de saisir sur le vif un style français nouveau, a été manqué.

Pourquoi? Par la faute de l'individualisme. Nous avions beaucoup d'artistes délicats et inventifs, mais aucun ne voulait céder le pas à ses confrères, et dans la collaboration en vue d'un ensemble chacun tirait à soi. Ils allaient en ordre dispersé, en enfants perdus. On avait beau les prêcher, théoriser, prendre exemple sur les ensembles de la Renaissance; l'esprit de discipline né de la forte doctrine manquait. Il a existé chez les Anglais issus du préraphaélisme, chez les élèves de Morris et de Walter Crane. Je l'ai constaté à Prague, parmi les créateurs de cet admirable art tchéco-slovaque, si inconnu chez nous. Il a existé chez les Belges, influencés d'ailleurs par les Anglais et les Allemands. Il a existé enfin, il faut bien le dire, chez les Allemands dont nous nous moquions si volontiers. Peu avant la guerre, nous avons dû subir à Paris, au Salon d'automne si cosmopolite, une énorme exposition d'art munichois, dont l'intrusion devra maintenant peser bien lourdement sur la conscience de ses introducteurs français. C'était lourd, c'était sombre, c'était triste et pédantesque. Mais l'unité y était. L'ensemble était antipathique, mais c'était un ensemble. On voyait nettement que l'Empire enrichi avait voulu avoir son style : et on pouvait exécrer ce style, mais il se présentait, homogène, volontaire et complet. Ceux qui y avaient participé avaient su rester mutuellement à leur rang et obéir à une idée générale. La comparaison individuelle donnait tout avantage à nos créateurs sur les créateurs allemands, mais leur revanche était incontestable si l'on se plaçait au point de vue de la cohésion des efforts. Ce fut une leçon pour beaucoup, et comme un pressentiment artistique de la fameuse « organisation de kultur » dont nous devions bientôt mesurer les effets.

Il n'en est pas moins vrai que si l'on compare l'effort individualiste, dans ce domaine, à l'effort officiel, celui-ci ne compte pas. Comme notre École des beaux-arts, nos Écoles d'art industriel sont paralysées par la routine, le système des concours et la docilité stérile du diplômat. Leur apport technique est faible, leur apport inventif quasi nul. Tout ce qui a été fait de joli et d'original l'a été par des chercheurs indépendants rénovant les arts du feu, du meuble, de la ferronnerie, de l'émail, du joyau. Les Gallé, les Delaherche, les Robert, les Gaillard, les Thesmar, les Husson, les Lalique, sont au rang des vrais grands artistes de la France moderne, et leurs merveilles rachètent bien des tentatives bizarres et inviables. Mais des milliers d'objets charmants ne constituent pas un art national et un style d'époque, si une loi de synthèse ne les rassemble pas. Il nous a manqué un ordonnateur comme Le Brun, et un Louis XIV pour contraindre nos artistes à lui obéir sans cesser d'être eux-mêmes. La peur de perdre l'originalité individuelle a dégénéré en véritable phobie de toute discipline, et on a vu des adolescents déclarer gravement qu'il ne fallait rien apprendre de personne, ni visiter les musées, ni accepter un conseil, de peur de perdre leur personnalité ! Ils prouvaient ainsi simplement qu'ils ignoraient de quoi une personnalité véritable est réellement faite, et que la leur était, malgré leur vanité, si débile, qu'elle redoutait de se dissoudre au moindre contact. Elle se réduisait à s'appliquer à ne faire comme personne, à ne pouvoir ni apprendre ni progresser, à répéter indéfiniment ses embryons de qualité, et cette phobie s'avérait en somme comparable à ces misérables religions de sectes russes dont la puérilité barbare nous semble presque incroyable.

On apercevra dès le lendemain de la guerre qu'il est urgent d'en finir avec cette conception baroque et amorphe de la personnalité. Elle tuera l'art si on ne la réfrène pas, si une doctrine française ne se reconstitue pas.

Le nom d'Auguste Rodin représente à lui seul tout l'effort indépendant de la sculpture française depuis un demi-siècle. Son rayonnement est tel qu'il relègue tout dans l'ombre, même avec quelque injustice. Il est en effet équitable de rendre l'hommage qui leur est dû à des artistes de valeur comme Dalou, Falguière, Frémiet et Injalbert, parmi les aînés, à Alexandre Charpentier, Dampt, Pierre Roche, Bourdelle, parmi les plus jeunes. Mais comment les comparer, ensemble ou isolément, à l'exceptionnel génie qu'a été Rodin?

Il a été un indépendant-type, presque un autodidacte, hormis quelques leçons de Barye et de Lecoq de Boisbaudran. Personne ne s'est davantage « fait tout seul ». Rodin s'est formé durant de longues années dans la pauvreté et l'obscurité, il a été ouvrier, manœuvre, ébéniste, il a souffert de faim et de froid, il a atteint l'âge mûr en désespérant de pouvoir jamais, faute de moyens matériels, donner naissance au monde de figures qu'il portait en son cerveau. Il n'a eu aucun rapport avec les écoles et les académies. Lorsqu'enfin les circonstances lui ont permis de révéler sa première œuvre importante, enfantée dans les pires conditions, aussitôt il a dû soutenir une lutte très dure contre les sculpteurs officiels : et cette lutte n'a jamais cessé jusqu'en sa vieillesse. Rodin a dû batailler à l'occasion de chacun de ses monuments et de chacune de ses innovations techniques, subir d'incessantes avanies, et bien que les honneurs et la fortune lui fussent venus, il est mort en indépendant inclassable, en outlaw, tout au moins à l'égard de l'Institut et de l'enseignement. Ce grand homme n'a jamais été admis à professer, mais il apportait par son exemple toute une école et même mieux, le développement suprême de la tradition antique. Il refondait à sa façon les principes statuaires des Égyptiens, des Grecs, des Gothiques et des Renaissants, avec tant de science, de force et d'inspiration que personne, ni Rude, ni Barye, ni Carpeaux, n'a posé au XIXe siècle avec tant d'autorité la question de l'esthétique sculpturale. On ne voit guère dans les autres arts que Manet, Baudelaire et Wagner qui aient été aussi isolés et aussi entiers dans leur manière de reprendre des traditions et d'innover tout ensemble, en infligeant un démenti absolu aux écoles à « l'esprit de conservatoire ».

Je n'ai à envisager ici que les conséquences du génie de Rodin dans l'art de son temps. Il a été extrêmement imité en France et dans toute l'Europe.

Il a paru faire école à lui seul et à son tour. N'est-ce pas une illusion? En réalité, les principes de Rodin ont été bien moins compris et suivis que les marques apparentes de sa manière n'ont été empruntées et même plagiées. Les principes de Rodin étaient d'une logique irréfutable, simple et saine. Classiques selon le vrai et fort classicisme, ils n'admettaient rien de morbide, ils exigeaient le travail approfondi, l'observation minutieuse de la vie et de la nature, la sincérité, la patience.

Trop de gens ont cru « faire du Rodin » en s'appropriant quelques caractéristiques de silhouette et de modelé. Rodin n'a pas été un mauvais maître, il n'a pas été un maître. Son exemple a été bon, parce qu'il a encouragé de nombreux jeunes hommes à oser sortir de l'ornière académique où décidément, malgré des hommes comme l'énergique et noble Dalou, la sculpture s'enlisait. Mais l'art de Rodin est demeuré le propre de son génie : son inspiration, qui l'apparentait aux plus grands poètes symbolistes, n'a pas été comprise à fond par les sculpteurs, qui veulent généralement rester des ouvriers frustes, et se défient de la « sculpture à intentions littéraires ». Rodin a été plus « littéraire » que tous les statuaires académiques, et ce plébéien qui s'instruisit tout seul, tard et difficilement, sut pénétrer les allégories que la sculpture commentera toujours avec plus de sagacité que personne, avec ce sens de la synthèse des passions et des idées qui est le propre des génies. Mais c'était avant tout un technicien prestigieux qui ne sacrifiait jamais rien des nécessités techniques à l'expression d'une idée, et c'est pourquoi il put se permettre symboles et poèmes sans jamais cesser d'être sculptural, d'être un travailleur du métal et de la pierre.

On n'aperçoit pas que ce grand indépendant ait donc fait véritablement école. Il reste dans l'époque comme un phénomène insolite. Son génie ne pouvait s'imiter, ses marques ne devaient pas être imitées, mais ses principes étaient le classicisme même. Seulement, ils parurent révolutionnaires parce qu'ils démentaient les très nombreux représentants d'une tradition dégénérée et parodiée : et il faudra encore du temps pour qu'on se fasse à l'idée que ce prétendu révolutionnaire a été le restaurateur logique et sage de la tradition classique. De tous les indépendants modernes, Rodin aura été assurément pour moi celui qui aura fait le moins de mal. Il s'est opposé à un milieu vraiment indéfendable, il n'a dévoyé personne, sa doctrine est la raison même, son esprit généralisateur, clair, français, n'a rien admis de trouble, et si ses imitateurs ont péché, ils eussent fait encore pire en imitant l'école que son œuvre condamnait.

IV

L'art belge.

J'écris bien moins ici une histoire que des souvenirs. Ils ne seraient pas complets si je négligeais le mouvement artistique belge, sous le prétexte qu'il fut belge. Ce prétexte me sembla toujours fallacieux. Il me paraît tout à fait absurde depuis que la Belgique a affirmé par son magnifique dévouement et son total martyre sa fusion d'âme avec la France. L histoire des lettres belges d'expression française est indissolublement liée à celle des temps où j'ai vécu. Elle est, de plus, un exemple parfait d'art indépendant, et c'est pourquoi je tiens à en parler ici.

Le mouvement littéraire et artistique belge a été une véritable Renaissance, datant de 1885. Auparavant la Belgique était absolument étrangère à toute velléité littéraire. Elle ne cessait pas d'être une terre riche en coloristes : elle n'avait pas de poètes ni de romanciers, sinon de vagues, poncifs et médiocres publicistes et rimeurs. Baudelaire vieilli, malade, aigri, alla chercher fortune en Belgique vers 1864. Il fut si déçu, il se sentit si isolé, si incompris, qu'il réunit les notes d'un livre vindicatif. Ce livre n'a pas été terminé et est demeuré à l'état de fragments publiés dans les ouvrages spéciaux relatifs aux posthumes de Baudelaire. C'est tant mieux, car il s'agit d'un pamphlet rageur et injuste, écrit par un homme que guettait la paralysie générale, indigne de figurer dans l'œuvre splendide d'un des plus profonds poètes et des plus sagaces esthéticiens qui aient jamais existé. La jeune Belgique a fait preuve de magnanimité en n'en voulant pas à Baudelaire de ce projet de volume, de même que bien plus tard elle a dédaigné d'en vouloir à un autre malade, Octave Mirbeau, lequel, après avoir loué Mæterlinck, Rodenbach et Verhaeren, et les avoir même qualifiés exagérément « les trois seuls grands poètes français vivants », injuria la Belgique, renaissante et riche de beaux talents, en un de ces volumes déséquilibrés et haineux qu'il présentait comme des volumes de critique. La jeune Belgique jugea que Baudelaire avait dit son fait à la bourgeoisie belge de son temps, elle partagea son désaveu, et on peut même dire que ces notes de Baudelaire contribuèrent à provoquer la réaction intellectuelle belge.

Elle se manifesta par la création de la *Jeune Belgique* dirigée par Max Waller, puis par la fondation du journal *l'Art moderne*. A ce moment la littérature belge s'incarnait en deux hommes de talents différents, qui étaient venus chercher fortune à Paris en désespérant de secouer l'inertie intellectuelle de leurs concitoyens. Camille Lemonnier était un romancier puissant, conquis par les théories de Zola, mais conservant sa vigoureuse originalité, sa truculence, son amour du terroir faisant de lui un Flamand authentique. Georges Rodenbach était un poète raffiné, amoureux du silence et de la nuance, exprimant à merveille l'autre aspect de la Flandre, celui des vieilles villes mortes, des béguinages, des allées d'eau. L'un venait de Rubens et l'autre de Hans Memling : Paris les accueillait tous les deux avec curiosité et sympathie. Le groupe resté en Belgique avait pour évangile de l'âme flamande le très beau livre épique d'un écrivain modeste et méconnu, *la Légende de Till Uylenspiegel*, de Charles de Coster, véritable chef-d'œuvre inspiré par le folklore et la tradition de Flandre, où brillent d'admirables épisodes suaves ou poignants.

A ce moment débutait le poète Emile Verhaeren ; il se liait d'amitié, pour un programme d'action, avec l'avocat déjà célèbre, Edmond Picard, jurisconsulte et écrivain de haute valeur, et le dilettante Octave Maus. Ils fondèrent tous trois *l'Art moderne* pour résumer l'activité artistique des lettres et des arts plastiques, et entreprirent la lutte contre la torpeur de la bourgeoisie riche. Ils ne furent nullement encouragés par l'État. Le roi Léopold II, grand financier, colonisateur et homme d'affaires, était indifférent aux arts. Les riches Bruxellois préféraient une bonne cave à une bibliothèque bien choisie. Il était donc naturel que la jeunesse désireuse de créer un art belge se tournât vers Paris. Elle se lia avec les impressionnistes et les symbolistes dont le mouvement se développa de 1885 à 1895. Ce furent les peintres qui sympathisèrent les premiers, et c'est par eux que le public belge commença de s'émouvoir, car les Belges les plus indifférents aux lettres ont toujours eu le goût de la peinture, et c'est encore en Belgique qu'on peut trouver des amateurs achetant non pour revendre, mais pour aimer et garder les toiles, et capables de se composer une collection. Les expositions belges s'ouvrirent donc aux impressionnistes français encore très discutés et heureux de trouver là un nouveau champ d'action. Il y eut d'abord l'exposition annuelle du groupe dit des XX, puis celle du cercle *Vorwaerts*, et enfin celle de la *Libre Esthétique*, où la jeune école belge fraternisa avec Monet' Renoir, Raffaëlli, Besnard, Carrière, Rodin.

L'école belge révéla toute une série d'artistes remarquables. Les paysagistes Emile Claus, Gilsoul, Baertsoen, devinrent des exposants honorés dans les Salons parisiens autant que dans leur patrie. Claus prendra rang au nombre des grands impressionnistes de l'époque, avec ses toiles éclatantes, imbues des plus hardies et des plus justes recherches du luminisme, et conservant un souci formel du style, du sentiment, de l'expression du terroir. Victor

Gilsoul est le peintre le plus accompli de la Flandre robuste et dramatique. Albert Baertsoen, Gantois, a exprimé avec une pénétrante poésie la mélancolie des quartiers pauvres, des canaux gelés, des ciels d'hiver de son pays. Tous ont été très discutés et ont prévalu à force de talent, de foi et de travail.

Auprès d'eux je citerai James Ensor, peintre et graveur ostendais, d'un beau métier et d'une imagination très singulière, le meilleur aquafortiste que la Belgique ait compté depuis le grand Félicien Rops, ami de Baudelaire, Eugène Laermans, peintre très expressif des paysans, rappelant Breughel le Vieux par son style rude et naïf, Léon Frédéric, peintre agreste, décorateur et symboliste, Willy Schlobach, très influencé par les préraphaélites, Théo Van Rysselberghe, longtemps tyrannisé par la technique des pointillistes français Seurat et Signac, mais beat dessinateur et ordonnateur savant de lignes ornementales, Alfred Delaunois, spécialisé dans la peinture d'intérieurs de cathédrales, Alfred Verhaeren, somptueux peintre de natures mortes. Jean van den Eeckhoudt, Georges Lemmen, Georges Morren [illegible] également des artistes intéressants. On retrou[illegible] Georges Khnopff, très précieux technicien, [illegible]ce de Gustave Moreau mêlée à celles de Bœcklin et de Rossetti.

La tendance symboliste, à la fois ingresque et chavannesque, était représentée par Jean Delville. Enfin, une personnalité très forte, très curieuse, s'attestait en les œuvres du fougueux néo-romantique, halluciné par la couleur, évocateur de tragédies, qu'est Henry de Groux, fils lui-même d'un beau peintre grave et savant, Charles de Groux. Ce groupe d'artistes continuait — et j'en oublie — la tradition de leurs prédécesseurs immédiats, trop ignorés en France : les marinistes Louis Artan et Louis Boulanger, le grand peintre d'intérieurs Henri de Braekelen, le décorateur néo-gothique Henri Leys, le paysagiste Courtens. L'impressionnisme français leur apporta des éléments, mais ils maintinrent quand même très distinctement le caractère de leur tradition et de leur race. Il y eut fusion, mais non sujétion.

La Belgique moderne a eu son Rodin, l'admirable Constantin Meunier, d'abord peintre sombre et poignant des pays miniers, puis statuaire, et poète tragique de la vie des mineurs, homme de génie qui rappela par sa modestie, ses malheurs et sa noblesse de caractère, les plus illustres Primitifs. Constantin Meunier est de ces hommes qui honorent non seulement leur patrie, mais toute une époque. Auprès de lui je rappellerai les noms du Gantois George Minne, du sculpteur décoratif Jef Lambeaux, de Vinçotte, de van der Stappen, comme ceux d'artistes excellents, mais d'un rang inférieur au sien. Cet ensemble de producteurs a constitué jusqu'en 1914 une école très brillante, née et grandie parallèlement à la nôtre.

Les relations très étroites qui s'établirent alors

entre Bruxelles et Paris se poursuivirent dans le monde des écrivains et des musiciens. La littérature belge vit successivement apparaître les poètes Iwan Gilkin, Albert Giraud, Charles van Lerberghe, Max Elskamp, les deux premiers d'inspiration baudelairienne et parnassienne, les deux autres d'inspiration strictement flamande ; le romancier George Eekhoud, vigoureux et dramatique ; le psychologue et musicographe Henry Maubel, infiniment délicat ; Eugène Demolder, le gendre de Rops, évocateur somptueux et coloré des mœurs de la vieille Flandre du temps de Jordaens. Verhaeren développa la série de ses recueils de poèmes et devint célèbre en Angleterre et en Allemagne.

Enfin une gloire soudaine échut à Maurice Maeterlinck. La fortune étonnante et méritée de ce dernier aura moins directement servi la Belgique elle-même que celle, plus tardive, de Verhaeren. Dramaturge et poète inspiré tout ensemble de la légende flamande, de la métaphysique allemande et du préraphaélisme anglais, Maeterlinck essayiste et moraliste est devenu de plus en plus un écrivain cosmopolite, admiré dans les deux mondes, perdant les caractères spécifiques du terroir. Ses débuts ne rencontrèrent qu'indifférence ou raillerie chez ses compatriotes. Il fut tout de suite apprécié dans les milieux symbolistes parisiens, puis un article sensationnel d'Octave Mirbeau le lança. Il ne put cependant obtenir d'être joué à Paris que par l'initiative privée d'amis qui créèrent à cet effet, pour *Pelléas et Mélisande*, le théâtre « à côté » de l'Œuvre, et des années s'écoulèrent avant que ses autres drames fussent représentés. On peut dire que la réussite littéraire de l'œuvre de Maeterlinck est encore un exemple parfait d'art indépendant ; conçue et divulguée en dehors de toute visée ou protection officielle, elle s'est imposée par le seul échange direct des sympathies de l'auteur et d'un public international sans cesse accru, et les sanctions ne lui sont venues que sur le tard sans lui apporter une aide effective. La même remarque doit être faite pour Verhaeren ; il n'eut longtemps qu'un public restreint en France, puis l'Allemagne s'éprit de ses œuvres et les traduisit. Elle affecta même de considérer ce puissant visionnaire, ce chantre des énergies, comme un poète d'inspiration impérialiste et germanique que le hasard seul avait fait écrire en langue française et, lors de l'assassinat de la Belgique, elle feignit de tenir pour ingrate et traîtresse l'indignation patriotique de ce poète qu'elle avait comblé d'éloges et revendiqué pour un des siens. Il n'aura pas été accordé à l'homme chevaleresque et noble que fut Verhaeren de voir son pays délivré : un accident lamentable, par l'ironique dureté du destin, l'a tué dans la douleur de l'exil avant l'heure des grandes réparations que sa foi ne cessait d'espérer, et Maeterlinck, rapproché par les événements d'une patrie qu'il négligeait un peu, reste aujourd'hui le représentant national de la littérature belge, son ambassadeur dans l'univers. La Belgique est redevable à Maeterlinck et à Verhaeren de l'avoir fait participer, au delà de ses frontières, au grand mouvement intellectuel européen. Tous ses autres écrivains sont restés enfermés dans le cercle d'influence de leur propre pays. Ils ont mieux conservé les caractères locaux, et leur école, comme celle de leurs peintres, n'en a peut-être été que plus savoureusement typique, même dans le domaine humoristique avec des auteurs comme Léopoid Courouble, Théo Hannon, François Fonson, Louis Delattre

A tous ces littérateurs, sculpteurs et peintres, aucun honneur officiel n'avait été accordé sous Léopold II : ils étaient tous connus et estimés lorsque le roi Albert Ier signala son avènement par une promotion de décorations et de pensions montrant que la reine Elisabeth et lui étaient pleinement conscients de la gloire que l'art apporte à un pays. Mais on peut affirmer que sans la solidarité étroite de la génération des symbolistes et impressionnistes français dont il partagea la fortune, l'art belge eût été isolé, et victime de grandes injustices dans sa propre patrie.

La musique a été l'occasion d'éprouver encore cette solidarité. L'excellente scène de la Monnaie, à Bruxelles, fut toujours réputée pour son orchestre, ses chefs, son souci d'adjoindre au répertoire classique des œuvres nouvelles. Elle devança souvent Paris en créant des opéras et drames lyriques comme *Sigurd*,

Salammbô, *Fervaal*. On prenait même trop l'habitude, à Paris, d'essayer à cette Monnaie la frappe de telle ou telle œuvre qui revenait ensuite, comme celles que je viens de nommer, sur les scènes françaises. Là furent aussi donnés, avant Paris, plusieurs drames wagnériens. Les concerts n'étaient pas moins intéressants ni moins largement ouverts à notre musique. L'école des virtuoses wallons jouit d'une vieille et juste renommée. Sans parler du Liégeois César Franck, dont la France fut la patrie d'adoption, les noms d'Eugène Ysaye, élève de Vieuxtemps, et le plus grand violoniste vivant, du pianiste Théophile Ysaye son frère, d'Arthur de Greef, sont bien connus hors de la Belgique. Les compositeurs Peter Benoit, Jan Blocks, Paul Gilson, Victor Vreuls, Franz Servais, Brasme Raway, Guillaume Lekeu, ont créé de très belles choses ; là comme ailleurs, malheureusement, comme pour la musique tchèque entre autres, Paris a très mal rendu l'hospitalité généreuse qui lui avait été offerte, et les œuvres de ces musiciens n'ont pas été accueillies chez nous. La Belgique ne nous en garda jamais rancune. Les concerts fondés par Ysaye, ceux que l'exposition picturale de la Libre Esthétique ne tarda pas à s'adjoindre, firent la plus large place à Debussy, Chausson, Duparc, d'Indy, Fauré, bien avant que ces auteurs l'eussent obtenue chez nous. Il en fut de même pour nos artistes décorateurs, bien que le goût des décorateurs belges fût plutôt influencé par le style moderne anglais et, peu avant la guerre, par celui de l'Allemagne ou tout au moins de Munich.

J'ai donc connu une société artistique belge où la fusion des tendances et des personnalités de Bruxelles et de Paris s'harmonisait parfaitement, et où les amitiés ardentes et fidèles savaient, dans l'échange, respecter délicatement l'autonomie intellectuelle et morale du plus petit des deux pays associés dans les mêmes recherches. Cette Belgique pouvait être très fière de s'être constitué de toutes pièces une école d'art brillante et solide, malgré l'indifférence de son souverain et de sa majorité, par le seul effort de jeunes tempéraments ayant su prévaloir. Cette Belgique, à laquelle Camille Lemonnier, son grand organisateur, a consacré une histoire qui est un chef-d'œuvre d'éloquent amour, était alors composée du parallélisme intellectuel et moral de la Flandre et de la Wallonie, et elle cherchait à définir l'unité représentée par le nom de Belgique, nom géographique et politique sous lequel persistaient la différence et parfois la susceptibilité jalouse de deux races très nettement caractérisées. On cherchait alors où était « l'âme belge » et c'était le sujet de controverses spécieuses entre « flamingants » et wallons, attentifs à délimiter leurs autonomies et à les sauvegarder de l'attraction française, voisine assez puissante pour tout absorber. Il a fallu un grand tact de part et d'autre, puisque jamais l'amitié des artistes français n'a été indiscrète au point de porter ombrage à leurs hôtes, libéralement accueillants, mais sans intention d'hommes liges.

Cette recherche de « l'âme belge », la très belle floraison d'art y a beaucoup aidé : mais c'est le crime inexpiable de l'Allemagne qui l'a consommée. C'est sur les champs de bataille de Liége, de Haelen, d'Aerschot, de l'Yser, que « l'âme belge » s'est manifestée définitivement. C'est là que sont mortes à jamais les querelles entre Wallons et Flamands, que l'ennemi a essayé vainement de ranimer par un vil artifice politique, pour entraîner les « flamingants » dans l'obédience au germanisme et dans la haine de l'Angleterre et de la France. L'horreur de l'Allemagne parjure, violatrice et assassine, le dégoût de ses offres, ont créé la patrie belge et donné au mot jadis contesté tout son sens. L'art belge est pour le moment interrompu, la parole belge d'expression française s'est tue, bien que beaucoup aient continué de produire dans l'exil. Mais le jour est enfin venu de la justice immanente ; la volonté des Alliés refera une Belgique plus glorieuse qu'auparavant et enrichie de la gratitude et de l'admiration de l'univers, cette Belgique pourra se remettre en marche vers de nouvelles destinées, elle aura une âme une, formée de deux éléments amalgamés pour jamais par l'héroïsme et le martyre, elle ne comprendra même plus le sens des distinctions ethniques, politiques et mentales entre Flandre et Wallonie d'autrefois. Délivrée de la menace allemande, amie respectée par la France et l'Angleterre, elle pourra donner un essor nouveau en restant fièrement elle-même, à la richesse d'art que lui auront préparée, avant la période la plus tragique de son histoire, les Maeterlinck, Lemonnier, Verhaeren, Picard, Constantin Meunier, Émile Claus, Gilsoul, de Groux, initiateurs indépendants d'une véritable renaissance.

II

LITTÉRATURE

V

Naissance, caractère et attitude morale du mouvement symboliste. Le vers libre et sa technique : raisons de son échec.

Des divers mouvements littéraires qui se sont révélés depuis 1870, le mouvement qualifié d'abord par dérision « décadent », puis « symboliste », a été le seul qui pût mériter pleinement d'être appelé « indépendant ».

Il a eu en effet toutes les caractéristiques qu'on peut attendre de cette épithète imprécise. Il a pris naissance par l'association spontanée d'un certain nombre de jeunes gens qu'unissait la répulsion pour le naturalisme illettré et brutal, et qui, lettrés, raffinés, amateurs et connaisseurs de tous les arts, considéraient la littérature comme un art synthétique. Ces jeunes gens ont conçu le fait d'écrire comme un signe d'aristocratie intellectuelle. Ils ont eu le complet mépris de la presse « faiseuse de gloire » et de l'argent. Là est leur trait le plus frappant. Si certains des symbolistes ont fini par imposer leurs talents par trouver la sympathie, la compréhension, la gloire, et même le succès matériel, il faut constater qu'ils n'ont jamais fait un effort ni une concession pour obtenir ou hâter tout cela. Ils ont constitué dès le début un petit monde littéraire très clos, et dans ce petit monde ils se sont renfermés peureusement, avec le dédain et le dégoût de la publicité bruyante, de l'arrivisme, des manœuvres de la réclame, des consécrations officielles. Ils ont créé leurs revues spéciales, ils se sont longtemps édités à leurs propres frais, ils se sont contentés d'un très petit nombre de lecteurs. Il y a eu là à la fois du détachement et de l'orgueil, mais ce qui est incontestable, c'est que les symbolistes, en se déclarant de « purs artistes », les ont été réellement avec tout ce que cela comporte de sécheresse et de dignité.

La presse les a couverts de railleries faciles et même d'injures, et elle n'a fini par les accepter poliment qu'après de longues années. Ils n'ont à peu près collaboré à aucun journal. Hormis un ou deux rubans rouges tardivement offerts, l'État n'a rien fait pour eux. Ils n'ont rien demandé à personne, ils n'ont participé à aucune association littéraire, ils sont restés étrangers aux théâtres boulevardiers ou officiels, n'essayant d'ailleurs qu'à peine une ou deux tentatives dramatiques sans portée réelle, car leur mouvement était exclusivement lyrique et philosophique. Les symbolistes ont refusé le combat que tous les mouvements littéraires, romantisme ou naturalisme, ont toujours engagé contre l'opinion, le préjugé et la routine. Ils ont créé selon leur conception sans se préoccuper de savoir si elle serait agréée ou méconnue. Cette attitude curieuse a eu ses inconvénients : elle a empêché l'art symboliste d'exercer toute l'influence dont il était digne, elle a fait de ses fidèles des mandarins isolés, elle les a privés de la force d'expansion que donne l'ardent désir de faire partager une croyance. Elle a été très représentative de la mentalité des « enfants du siège » qu'étaient presque tous ces jeunes gens. Mais elle justifie pleinement la qualification d'« indépendants ». Et depuis le groupe des préraphaélites anglais, on n'avait pas constaté semblable exemple de désintéressement et de dignité dans aucune école littéraire. Aujourd'hui encore, bien que plusieurs écrivains de ce mouvement soient devenus illustres, que Barrès et Henri de Régnier soient à l'Académie française, que Paul Adam soit à la veille d'y entrer, qu'une célébrité mondiale soit échue à Maeterlinck et Verhaeren, que la réputation posthume de Remy de Gourmont grandisse chaque jour, qu'on accorde à Paul Claudel et à Francis Jammes une gloire longtemps différée, les symbolistes survivants demeurent ce qu'ils étaient en 1890, des dévots de « petite chapelle », des amateurs indifférents à l'argent et à la gloire, servant les belles-lettres avec piété, érudits et spécieux, pour qui la lecture du *Mercure de France* est toute la gazette des lettres, et qui méprisent infiniment le volume à 3 fr. 50 et les journaux à deux sous. Ils sont hors la vie, comme le fut leur art. Ce sont des individualistes absolus. Ils ont maintenu entre eux une très sincère solidarité d'amitié, mais ils n'ont jamais entrepris une action commune. En un mot, ils se sont contentés d'être eux-mêmes et de vivre dans un monde tout de rêves qui les a à la fois protégés et emprisonnés : ils sont restés « en marge », contribuant à l'avoir des lettres françaises une tentative d'art : la transposition symbolique et allégorique de la vie — et une tentative technique : le vers libre.

L'essai d'introduction d'un « vers libre » dans la poésie traditionnelle française a été une des tentatives les plus originales et les plus spontanées de l'individualisme. Cet essai date de 1885, c'est-à-dire des premières manifestations du mouvement littéraire fort complexe qu'on a, faute de mieux, appelé le symbolisme. Les premiers vers libres ont été publiés par Gustave Kahn et par Jules Laforgue, parallèlement, dans les *Palais nomades* du premier et les *Complaintes* du second. Cette forme fut ensuite adoptée puis délaissée par Jean Moréas et Henri de Régnier, conservée par F. Vielé-Griffin, Émile Verhaeren, Francis Jammes, Max Elkamp, Tristan Klingsor, et toute une série de poètes d'inégal intérêt. Mais on peut dire que le génie délicieux et poignant de Jules Laforgue, auquel on doit, outre ses poèmes, les six contes des *Moralités Légendaires*, chefs-d'œuvre de fantaisie d'une originalité unique, avait du premier coup porté le vers libre à sa perfection. L'innovation se produisit d'ailleurs en dehors des conseils des deux maîtres de la poésie symboliste, Verlaine et Mallarmé, qui ne firent point de vers libres. Cependant Verlaine, par ses licences, ses vers de rythmes impairs, les suggestions musicales de son célèbre *Art poétique*, peut être considéré comme un des déterminateurs de cette innovation.

Elle fut tout de suite mal accueillie. La presse boulevardière plaisanta lourdement, et la critique académique cria au scandale et à l'offense aux traditions glorieuses et intangibles. Qu'était donc au juste le vers libre?

Le vers libre était le résultat d'un rapprochement très significatif entre les poètes et les musiciens, qui s'ignoraient ou se jalousaient jusqu'alors, n'ayant que des rapports très indirects soit par le vers d'opéra, confié à de plats librettistes, soit par la « poésie mise en romance ». La génération de 1885, contrairement à celle des disciples de Hugo, s'attestait fort éprise de musique, et l'art de Verlaine la conduisait à s'inquiéter davantage de la valeur harmonique des syllabes et du rythme verbal, à chercher en ce sens un renouvellement de la poésie que l'éclatante prolixité oratoire, éloquente et picturale, de Hugo, semblait avoir épuisée. La révélation de l'art synthétique de Wagner contribuait puissamment d'autre part à ce désir d'une fusion plus étroite du vers et du chant, et si la notion de la « musique des mots » n'était pas nouvelle, du moins essayait-on de lui donner une acception originale. Hugo et ses disciples avaient tellement usé de toutes les combinaisons fixes du vers qu'on sentait le besoin de ne plus les ressasser, de trouver quelque chose qui fût plus malléable, plus ductile. C'est le même instinct qui, en 1840, poussa Schumann à inventer une forme nouvelle de pièce pour piano et de lied, en rompant avec les formes fixes, en substituant à la strophe mélodique recommencée pour chaque strophe du poème une sorte de mélopée polymorphe, variable avec chaque vers, et dont la ligne réglait ses inflexions sur celles du sentiment du poème au lieu de subordonner celui-ci au cadre classique de l'aria ou de la romance.

Il ne s'agissait donc pas plus de détruire les formes traditionnelles de la poésie française que Schumann n'avait voulu détruire la sonate ou la fugue. Il s'agissait de laisser reposer des formes dont on avait énormément usé, et de tenter d'enrichir les moyens d'expression en plaçant auprès de ces formes, et tout en continuant de s'en servir, des harmonisations nouvelles. C'est ce que la critique se refusa obstinément à comprendre malgré les assurances réitérées des novateurs.

Les caractères principaux du vers libre consistèrent : dans la suppression facultative de la rime et son remplacement par de simples assonances ; dans la succession de vers longs ou brefs, la plus grande longueur étant limitée par l'amplitude naturelle de la diction et de la respiration, selon le débit lent ou précipité commandé par le sentiment exprimé; dans l'emploi libre des sujets et dans la multiplicité des césures; dans l'affranchissement complet des cadences régulières du vers de douze syllabes, bien qu'on se réservât de l'intercaler parmi des vers de rythmes impairs; enfin, dans une recherche constante de la variété rythmique et dans la volonté de tenir compte du timbre des syllabes autant que de leur sens, pour tirer du langage les effets les plus musicaux et demander à ces effets de créer autour du sens du poème une atmosphère harmonique, le poème d'ailleurs n'existant réellement que *chanté* et non *lu*. Les innovateurs posaient ce principe que la différence capitale entre la prose et la poésie consiste dans le fait que l'artiste accorde au mot sa pleine valeur de rythmes et de timbres, sa valeur de *chant*, et l'isole ainsi du langage courant, où on ne tient compte que de la *signification* du mot. Il devenait ainsi logique de considérer un poème comme une *partition verbale* à forme mouvante et non fixe. La polyrythmie, l'association des assonances ou des vers blancs à la rime franche, la faculté de scander et de césurer en n'importe quel endroit du vers, autant de moyens de varier et d'animer le discours poétique, d'exclure la « cheville », de rendre impossible la sauvegarde de l'inspiration pauvre par la monotone correction du métier, et de proscrire les froides habiletés de ce métier, devenu chez les médiocres un pur exercice de rhétorique, un moule verbal.

Une telle tentative se réclamait légitimement du vers libre, si admirable, si vivant, de La Fontaine, et surtout, au delà des « licences poétiques » des XVIIe et XVIe siècles, de l'étonnant trésor des complaintes et ballades populaires de la vieille France, modèles du « lied » français, méprisés et oubliés depuis Malherbe. Ces éléments, reliés même à la « laisse » et à la chanson de geste du moyen âge, se mêlaient à une certaine influence exercée sur les verslibristes du symbolisme naissant par le lied allemand et surtout par la poésie anglaise du XIXe siècle, des lakistes à Shelley, à Tennyson et à Swinburne, poésie qui, musicienne entre toutes, a toujours usité les formes libres. Ce n'était pas une révolution absurde et scandaleuse que l'essai d'introduire dans la poésie française un langage lyrique qui semblait tout naturel en Angleterre, où la poésie est avant tout une musique de mots, distincte de l'éloquence et de la narration rimée qui tiennent dans la nôtre une si grande place. La poésie anglaise était là pour prouver que la forme libre était viable, et on ne pouvait alléguer l'impossibilité de la transférer dans notre langue, toute langue comportant sa musicalité verbale, et la française ayant déjà donné de nombreux exemples de la richesse de la sienne. On pouvait considérer en effet que Racine et Lamartine ont fait le plus bel usage de la mélodieuse sonorité des mots, ainsi que Baudelaire, tandis que Hugo s'est surtout attaché à leurs propriétés picturales, évocatrices de formes et de couleurs.

L'avantage du droit de cité accordé à un tel vers devait apparaître avant tout dans la réforme du vers associé à la musique. Le poème d'opéra avait toujours été confié à n'importe quel rimeur poncif, dont personne ne se souciait d'entendre les textes et que méprisait le compositeur. On n'écoutait que la musique, et la niaiserie du livret d'opéra, célèbre par maint exemple bouffon, ne choquait personne. Avec la conception wagnérienne du drame lyrique, exigeant la fusion du vers et du chant et tenant balance égale entre le poème tragique et la symphonie, il devenait nécessaire d'avoir un vers lyrique écrit par des gens de talent : et à la musique nouvelle, polyrythmique, inspirée par le principe de la mélodie continue et de la déclamation associée à la symphonie, le vers à mètres immuables, à rimes régulièrement alternées, convenait mal par son cadre étroit et sa monotonie. Il était donc intéressant d'offrir aux compositeurs un langage nouveau, assez souple pour suivre mot à mot l'inflexion de leur ligne mélodique, plus ailé que la prose et moins rigide que le vers régulier. Les compositeurs étaient d'ailleurs si dégoûtés du livret habituel qu'ils préféraient écrire eux-mêmes les leurs, et les écrire en prose faute de savoir et vouloir se plier aux lois de la rime. Il en allait de même dans l'évolution évidente de l'ancienne « romance ». Jadis la musique adaptée à une strophe se répétait invariablement pour toutes les strophes, avec un accompagnement quelconque. Le « poème chanté » devenait maintenant un véritable petit drame lyrique, comme le lied de Schumann, de Hugo Wolff, de Moussorgsky, où le poème reprenait toute sa valeur. Les jeunes poètes et musiciens fraternisaient dans l'étude admirative de l'esthétique wagnérienne. Le désir d'un poème très musical s'attestait par ce fait que les petites pièces chantantes de Verlaine, écrites sur des rythmes impairs, étaient interprétées par de très nombreux musiciens, plus que celles de tout autre poète célèbre. On voyait naître une véritable école du lied français de la collaboration de Verlaine, Merrill, H. de Régnier, Moréas, Verhaeren, van Lerberghe, Maeterlinck, Klingsor, Mauclair, Paul Fort, avec Gustave Charpentier, Ernest Chausson, Charles Bordes, Claude Debussy, Reynaldo Hahn, Gabriel Fabre Gustave Samazeuilh, Louis de Serres, et bien d'autres encore. Les musiciens adoptaient d'enthousiasme le vers libre.

Cependant, malgré tout, la critique académique et universitaire, véritable fléau de la poésie où elle a toujours été intruse, ne cessait de feindre de croire qu'on en voulait à l'esthétique glorieuse de la tradition française. Elle arguait de la présence parmi les symbolistes de deux ou trois poètes d'origine étrangère, Moréas, Vielé-Griffin, Merrill, pour étendre à la poétique nouvelle l'absurde et perfide accusation d'antipatriotisme qu'elle jetait aux admirateurs de Wagner et du théâtre scandinave. Elle persistait, même quand la presse, où pénétrait un peu d'esprit de justice tardive et où quelques chroniqueurs défendaient les nouveaux venus, cessait ses plaisanteries sur les « mille-pattes » et ses parodies trop faciles. Certains poètes, comme H. de Régnier, après avoir écrit de délicieux vers libres, retournaient aux formes régulières. Peu à peu le sacro-saint alexandrin reprenait ses droits, des plus contestables pourtant, car il n'y a pas de raison absolue pour que le mètre qui doit son nom à l'obscur Alexandre de Paris régente éternellement notre prosodie, alors que tous les arts évoluent et s'adaptent comme des êtres vivants. On fit tant qu'on découragea le vers-librisme. Mais la plus grande raison de sa faillite ne fut ni dans un vice constitutif ni dans l'opposition acharnée qu'on lui fit. Elle doit s'expliquer tout autrement.

La période vers-libriste est à peu près close, par un incontestable insuccès. Malgré quelques belles œuvres viables et probantes, cet insuccès est dû, bien plus qu'à l'acharnement de la critique routinière, à la production hâtive et ridicule des mauvais poètes. Ceux-ci en effet ont donné raison à celle-là en ne manquant pas de croire qu'il est bien plus facile de faire des poèmes libres que des poèmes de forme traditionnelle, alors que c'est le contraire qui est vrai. On a pensé que la modification de la prosodie et de la métrique traditionnelles devait équivaloir à leur suppression et à leur remplacement par le caprice individuel. Il s'agissait de tout autre chose, de l'adjonction au vers classique d'une série de conventions nouvelles exigeant autant de logique que les anciennes.

Le vers libre, étant l'utilisation extrême des ressources musicales du langage, exige la connaissance et le sentiment de la musique, le sens des rythmes et la faculté d'en inventer de nouvelles combinaisons. Il est inhérent à sa nature d'être l'ouvrage d'un très subtil artiste, ou l'improvisation verbeuse et confuse d'un divagateur que rien ne retient. On ne peut, en y touchant, qu'être excellent ou exécrable. C'est ce qui est arrivé. Quelques poètes comme Verhaeren, Henri de Régnier, Francis Jammes, Tristan Klingsor, Max Elskamp, ont réalisé d'admirables vers libres ; mais cette forme d'art si neuve et si précieuse a été gâchée par une foule d'amateurs maladroits ne donnant que trop raison aux plaisanteries de la presse sur les « invertébrés » et aux objurgations des critiques criant à la destruction du vers classique, que nul ne menaçait pourtant. Ainsi a été perdu rapidement le résultat du rapprochement entre poètes et musiciens, qui avait apporté les éléments d'un renouveau du lied français. Les responsables sont les improvisateurs qui ont confondu la liberté avec le désordre, et l'excentricité avec l'originalité, en poésie comme en peinture. On a vu se multiplier les plaquettes bâclées où s'étalaient sans raison des mélopées amorphes où la pauvreté du sentiment n'était même plus soutenue par l'armature de la strophe, du rythme et des rimes : véritables gabegies de mots, fatras ennuyeux et illisibles commis par des gens qui allaient à leur guise, et ne voulaient pas comprendre que l'esthétique des premiers vers-libristes résultait d'une étude très sérieuse des propriétés musicales du langage et d'une connaissance judicieuse des rapports de la musique et du verbe. Et pourtant les revues indépendantes ont, de 1886 à 1898, publié beaucoup de ces travaux fort probants, nourris d'exemples prosodiques et métriques, d'instructives comparaisons entre le vers classique et les tendances nouvelles. Mais ces leçons étaient peu écoutées, ou ne pouvaient donner du talent à ceux qui n'en avaient pas, et croyaient que pour en avoir il suffit de nier toute règle. Le vers libre est un art fort difficile : bien des poètes réguliers qui font illusion seraient incapables d'écrire des vers libres, tandis que tous les poètes qui ont écrit de beaux vers libres, prouvant une sensibilité musicale, ont su réaliser de beaux vers réguliers quand il leur a plu d'en écrire. Mais c'est précisément parce qu'ils connaissaient à fond les lois et les ressources de l'art des vers et savaient qu'il n'y a pas d'art plus strict, où la tricherie soit moins aisée.

Les gaspilleurs, les bâcleurs, les insincères, ont donc contribué à discréditer et à tuer prématurément une forme neuve et logique qui eût rendu de grands services. On la regrettera, on y reviendra peut-être, mais, pour le moment, une production fastidieuse et désordonnée a autant usé le vers libre que l'était le vers issu de Hugo à l'époque où les Coppée, les Silvestre ou les Mendès le ressassaient péniblement. Et il est probable qu'après la guerre le désir d'un art français exclusif, débarrassé de toute tendance internationaliste, conduira à un retour aux formes classiques. On tendra à considérer le vers libre, ainsi que le symbolisme, comme les épisodes d'une période intellectuelle cosmopolite. Ce sera stupide, mais il faut s'y attendre. Et pourtant quelques chefs-d'œuvre et d'excellents documents critiques resteront pour témoigner qu'il s'agissait d'une tentative réalisée, intéressante, utile, gardant en soi toutes les forces nécessaires à son développement, ni plus ni moins que la prosodie régulière.

VI

Idées et influences de Stéphane Mallarmé et de Paul Verlaine. Leur parallèle. Principes du symbolisme. La critique de Remy de Gourmont. Quelques figures et œuvres. Claudel et Suarès.

L'œuvre de Stéphane Mallarmé offre un exemple absolu d'indépendance, d'individualisme, et de toutes les libertés et de toutes les limitations que cet absolutisme peut comporter. Personne en notre temps n'aura fait plus résolument table rase, plus décidément essayé de construire toute une esthétique et toute une poétique par ses seules forces.

Mallarmé a été pleinement un indépendant, et en a encouru toutes les disgrâces. Il a vécu pauvre, constamment harcelé par les sarcasmes de la critique et du public, sans un succès, sans un encouragement. Cependant l'élite d'une génération est venue à lui, comme à César Franck avec lequel sa figure morale a de grands rapports, et il a eu ce singulier privilège d'être à la fois célèbre et ignoré, vénéré et honni. Il aura été le Socrate d'un groupe de disciples fidèles. Eux seuls sont qualifiés pour bien parler de l'homme qu'ils entourèrent jusqu'à sa fin d'une admiration respectueuse et fervente. Ils ont dit et redit la vérité en disant que Mallarmé possédait un charme mystérieux, une grande puissance d'attraction, que ses conversations étaient d'une originalité inimitable, et qu'il donnait dès l'abord la sensation impérieuse du génie. Il en est de cet aspect de la personnalité de Mallarmé comme du prestige d'un Chopin ou d'une Malibran : rien n'en demeure que des témoignages auxquels il faut se rapporter quand ceux qui ont entendu et subi sont disparus après les enchanteurs. De cet attrait personnel de Mallarmé, de son rayonnement de génie, et aussi de la magnifique élévation et de l'entière dignité de sa foi d'artiste et de son existence, personne ne reste plus pénétré que moi, qui fus un de ses familiers durant plusieurs années, et qui n'en perdrai le souvenir et la dévotion fervente qu'avec la vie. J'ai connu beaucoup d'artistes, je n'en ai jamais connu un seul, pas même Rodin, qui m'ait inspiré autant de respect et d'affection. Il fut et demeure pour moi l'image la plus noble du poète, de l'homme « au rêve habitué », comme il disait. J'ai souffert et souffre encore de l'injustice de son destin littéraire, bien que j'en aie toujours reconnu les motifs comme il les admettait lui-même avec une mansuétude et une élégance infinies. Je garde de l'homme que fut Mallarmé la mémoire que d'autres ont longtemps gardée du jeu de Chopin ou de Liszt, de Frédérick Lemaître ou de Rachel. Cela ne se raconte pas, ceux qui n'ont pas vu et entendu ne peuvent pas comprendre. Mallarmé était un être auprès duquel n'importe quel autre paraissait médiocre, — un héros de la pensée lyrique.

Il n'est plus, et on n'a plus que son œuvre pour le juger : et en dehors de l'injure des sots ce jugement est fort difficile. Ce qu'il faut en dire tout de suite à quiconque voudra s'en enquérir maintenant, avec le recul du temps, c'est que l'œuvre de Mallarmé est restée à l'état d'indication intellectuelle que ses merveilleux entretiens n'éclairent plus. Encore faut-il s'entendre. Mallarmé a peu écrit. Des créations de sa première période, celle qui l'amena du milieu des Parnassiens à sa recherche profondément personnelle, il faut retenir quelques poèmes en prose procédant de ceux de Baudelaire dans une forme admirable, et environ cinq cents vers d'une splendeur et d'une originalité qui les classent parmi les plus beaux de notre langue. Beaucoup de poètes ont survécu à moins de titres. Mais lorsque Mallarmé en vint à une conception toute spéciale de la poésie, lentement élaborée en silence, alors il ne prit même plus le souci d'être suivi et compris et il s'écarta de son temps pour s'enfoncer dans les régions inexplorées et y construire à lui seul son monument. Ce monument est une ruine, et n'a jamais été autre chose. Il donne l'impression du vestige d'une très grande œuvre, mais celui qui l'a construit n'a voulu que laisser ce vestige, et bâtir une ruine artificielle qui suggérât des rêves d'achèvement.

Mallarmé ne pouvait faire autre chose, parce qu'il était hypnotisé par l'idée qui a tourmenté les artistes vraiment grands et ne torture que ceux-là, l'idée que l'homme, quel que soit son génie, et précisément parce qu'il sent et conçoit l'immensité et l'inattingibilité de l'idéal, lui restera forcément toujours inférieur et ne pourra en donner que des indications. On a parlé de l'impuissance de Mallarmé : le terme et l'idée sont inexacts. Mallarmé a été victime, mais victime consentante, du scrupule et du purisme. Hanté de perfection et reculant sans cesse les bornes de ce qu'il exigeait de lui-même devant l'idéal entrevu, il finissait par ne plus oser écrire. C'est précisément là que ses conversations prennent toute leur valeur : il parlait, il dépeignait, il précisait son rêve de synthèse artistique, son amour clairvoyant des plus hautes idées, avec une éloquence incomparable qui s'étouffait de scrupule dès qu'il tentait d'écrire : et ce qu'il écrivait n'était pour lui que des bribes, des notules, des recherches syntaxiques, des façons nouvelles d'exprimer. Mallarmé a été un peintre qui a voulu peindre le visage de la Pensée, a toujours jugé que le portrait était imparfait et ne nous a laissé que les croquis relatifs au chef-d'œuvre mille fois tenté et abandonné. C'est comme cela qu'il convient de l'étudier (1). Mallarmé est un cas, le cas malheureux et admirable d'un génie que l'infini respect de l'idéal a paralysé et qui a préféré ne pas se survivre pour bien marquer son humilité. Mallarmé était un mystique de la poésie, un vaincu volontaire. Cette situation morale est par elle-même tellement noble, qu'elle élève l'homme qui l'a acceptée au-dessus de tous les habiles, des profiteurs et des satisfaits. Elle pose de la façon la plus saisissante le problème tragique de l'individualisme absolu, de son orgueil et de son échec. Mallarmé a préféré n'être rien que de n'être pas égal à la splendide mission qu'il assignait à la poésie, en se sentant la force de la prédire, mais non de la remplir.

Les jeunes qui jugeront, telle quelle, l'œuvre restreinte et mutilée laissée par Mallarmé, ne devront pas croire qu'il avait la vanité de désavouer toute tradition et fut ainsi justement puni d'avoir cru pouvoir inventer un art à lui seul, comme certains de nos peintres grossiers et ignorants. Personne ne fut plus épris de la tradition que Mallarmé, qui était modeste, érudit et infiniment pénétré de grâce française. Mais il cherchait à dégager la vraie tradition de beaucoup d'interpolations contestables, et surtout il cherchait à renouveler la poésie subjective par une

(1) C'est aussi le cas de Cézanne : mais avec la distance de la gaucherie d'un primitif au raffinement d'un prince de l'esprit et, si l'on veut une comparaison picturale, de Paol Uoclo là Léonrad.

refonte de la prosodie et de la linguistique et une étude profonde des rapports de la musique et du vers, le vers étant pour lui, selon la primitive tradition orphique, un chant verbal. Les poèmes de la seconde manière de Mallarmé peuvent sembler à bon droit obscurs : ce sont des « exercices » prosodiques et syntaxiques, ayant pour thèmes des symboles, et cette poésie d'allusions musicalisées peut décevoir si on la prend en soi et non à titre d'exemples.

Par contre, Mallarmé a résumé la doctrine esthétique de ses conversations en un certain nombre de pages sur le vers, la musique, la danse, le symbole, la fusion des arts, qui sont d'une lucidité parfaite dans leur profondeur, et où un véritable artiste trouvera toujours un enseignement. Une des raisons qui poussèrent Mallarmé à envelopper sa pensée de brumes fut certainement son dégoût de rêveur et d'artiste pour les malfaçons et le galvaudement effarant de la surproduction moderne, qui gaspille le livre et jette la littérature au journalisme d'improvisation cacographique et de lucre. Sa figure se trouve placée au centre de toutes les recherches modernes sur les liaisons des arts entre eux, recherches qui apparaîtront sans doute plus tard comme la caractéristique essentielle d'une époque de sensibilité suraiguë.

La marque la plus frappante du génie naturel de Mallarmé a été la faculté de percevoir une multitude d'analogies entre tous les ordres d'objets et de phénomènes, avec une subtilité extraordinaire, et d'exprimer cette perception par des associations verbales et des séries de métaphores. Il n'y mettait point l'affectation de la virtuosité, il voyait et ne pouvait voir qu'ainsi, aucun fait, aucune parole ne lui semblaient isolés, et il concevait tout comme des enchaînements de symboles que son tour d'esprit lui montrait fort aisément. Ce prétendu « décadent » se référait donc nativement au juste principe de toute véritable poésie. Un poète est grand et original selon la mesure de son aptitude à saisir les analogies entre les choses qui semblent incompatibles, et à les exprimer par le moyen de l'image métaphorique. Un poète n'a pas, à proprement parler, d'idées : il a des perceptions et il les communique par le rythme et le timbre du langage spécial qu'est le vers, et plus il découvre et fait comprendre de rapports non encore constatés, plus il est réellement un poète, c'est-à-dire un visionnaire participant de la métaphysique et de la musique. Mallarmé était par lui-même le type de ce genre de visionnaires, c'est pourquoi il a exercé une si profonde influence sur les poètes qui l'ont connu, bien qu'il ait peu réalisé ses conceptions. Ils lui ont dû des façons d'envisager et des façons d'exprimer qu'on retrouve dans leurs œuvres, si dissemblables qu'elles semblent être de la sienne. Mallarmé complétera toujours dans leur culte et leur souvenir le quatuor d'esprits fraternels dont les trois autres membres sont Edgar Poe, Baudelaire et Villiers de l'Isle-Adam, artistes, stylistes et allégoristes géniaux, voués comme lui à l'incompréhension de la critique médiocre et au respect fervent des élites. Comme Franck, en pleine révélation wagnérienne, a eu le mérite de rappeler les musiciens à la musique pure, indemne d'éléments littéraires, Mallarmé a eu le mérite de rappeler les poètes, en pleine hugolâtrie, à la nette distinction entre la poésie pure et l'éloquence transformant la poésie en plaidoyer moral ou social, en œuvre d'enseignement. C'est par là que ce poète mystérieux, qui écrivit peu et dans un constant insuccès, a compté durablement dans son époque, infiniment plus que des poètes auxquels fut accordée une gloire viagère.

Mallarmé a été le véritable maître, l'esthéticien de la doctrine symboliste, à laquelle Paul Verlaine a toujours boudé : on ne peut rien imaginer de plus dissemblable que ces deux hommes par leur art et leur existence. Cependant ils furent les deux idoles, diversement, mais également aimées, d'une génération. C'est qu'elle voyait en eux, à bon droit, deux types achevés d'individualistes, de non-conformes, de « poètes maudits », comme on disait alors. Verlaine et Mallarmé s'estimaient, étaient liés par l'amitié, la communauté d'infortune dans l'insuccès matériel, l'admiration des jeunes, la volonté de hautaine indépendance, la conscience d'être des tempéraments grandement originaux. Là s'arrêtaient leurs similitudes. La vie correcte, effacée, résignée de Mallarmé qui vivait en petit bourgeois, a été le contraire de l'existence errante, bohème et bizarre du « pauvre Lélian ». Verlaine a été un poète de génie, un des plus beaux de toute notre littérature, pour des raisons absolument étrangères à celles qui ont motivé l'art de Mallarmé. Producteur abondant, inégal, n'écoutant que son caprice, Verlaine n'a jamais été gêné par les scrupules esthétiques qui ont paralysé son émule. Il comprenait fort bien la théorie du symbolisme, mais il n'y tenait pas, et demeurait tout de primesaut, bien que fort bon lettré et plus informé de philosophie, de musique et d'art qu'on ne l'a cru. C'est comme en se jouant que Verlaine s'est trouvé, en écrivant *Art poétique* et en usant des rythmes impairs, déterminer toute une réforme prosodique qui a donné naissance au vers libre : et il était, outre qu'un inspiré merveilleux, un artiste verbal très raffiné, sans paraître s'en douter lui-même. Poète essentiellement subjectif, il a fait de sa poésie une autobiographie sentimentale, racontant sa vie douloureuse et tourmentée, ses erreurs, ses péchés, ses élans de foi et de contrition, de façon saisissante et directe, alors que la poésie de Mallarmé reste presque rigoureusement impersonnelle et purement évocatrice d'idées générales, muette sur la conscience et les actes de son auteur. L'homme privé, chez Verlaine, reste inséparable de l'écrivain : Verlaine est l'indépendant forcené, l'irrégulier-né, détestant tout ce qu'il appelle « gendelettre » et ne parlant qu'avec un dédain narquois de la « littérature ». Il n'a rien d'un théoricien, d'un puriste : wagnérien de la première heure, l'idée de la fusion des arts ne l'a pourtant jamais préoccupé. Il est de tradition populaire, grand artiste à la Villon, profondément français, alors que Mallarmé semble plutôt s'affilier aux lyriques anglais, aux lakistes et aux préraphaélites. Verlaine est un réalisateur hardi, libre et passionnément humain, auprès de Mallarmé subtil, abstrait et torturé des scrupules du perfectionnement indéfini. Ce parallèle pourrait être continué longtemps entre ces deux grandes personnalités, les plus hautes de la poésie française contemporaine, l'une enfin reconnue, l'autre toujours contestée, toutes deux ayant accompli leur évolution en marge de toute littérature officielle.

•

Les symbolistes n'ont guère dû à Verlaine qu'un exemple d'indépendance créatrice, quelques données prosodiques et une certaine disposition sentimentale. A Mallarmé ils ont dû presque toute l'armature de leur essai de rénovation esthétique.

Les théories des symbolistes ont été présentées et condensées excellemment dans les nombreux ivres et articles critiques de Remy de Gourmont, lequel n'a pas seulement été un romancier des plus originaux et un parfait artiste de la prose, mais un des plus remarquables essayistes du XIXe siècle, d'une étonnante richesse d'idées, d'une érudition rare, d'une malléabilité intellectuelle lui assurant la culture philosophique autant que la culture esthétique. Moraliste, logicien, poète, aussi intuitif que déductif, passionné de la pensée, Remy de Gourmont eut encore le mérite d'être un isolé volontaire, très fier, tenant par-dessus tout à sa liberté, dédaignant toute gloriole, vivant en solitaire et en homme vraiment au-dessus de tout préjugé social. Son ironie, qui n'excluait ni émotion ni foi, ne fut que l'effet d'un profond mépris pour la médiocratie, les courbettes de la littérature de salons et d'antichambres. Sa vie entière fut un modèle d'indépendance. Cependant personne ne fut plus fermement relié au classicisme, plus soucieux de méthode, plus ennemi du désordre d'un individualisme vaniteux, que cet admirable critique créateur, le maître de la critique de son temps ; il eût dû occuper la toute première place, on commençait à lui rendre pleine justice quand il est mort, et son œuvre est de celles qu'on citera, qu'on étudiera et dont on tiendra compte bien longtemps après que les « jugeurs » à la mode auront disparu tout entiers.

Remy de Gourmont a formulé mieux que quiconque l'idéalisme qui fit le fond de la doctrine symboliste. Le symbolisme a été avant tout une réaction de jeunes gens sensitifs, amoureux de tous les arts, contre un réalisme borné, une protestation de poètes. Leurs tendances ont été fort diverses, mais ils ont été associés par la conviction que seules les idées sont de ces réalités supérieures que l'art doit élire et retenir dans la vie quotidienne, le profond étant plus désirable et plus riche que l'apparence. Ils ont assimilé l'art tout entier, sans distinguer entre la couleur, la plastique ou la sonorité, à un vaste système de similitudes, d'analogies, de correspondances s'exprimant par des métaphores et des allusions aux aspects directs et immédiats de la vie. C'était substituer à la vie anecdotique la vie des idées générales, et l'exprimer par les moyens propres de toute véritable poésie. C'était créer une littérature cérébrale avant tout, et s'opposer radicalement au roman naturaliste, descriptif et social, que les succédanés de Zola conduisaient au dernier degré de la platitude et de la cacographie. C'était aussi, en tenant pour essentielle « l'émotion de pensée », selon l'expression de M. Paul Adam, s'exposer à ne composer que des œuvres d'une forme raffinée et somptueuse, d'une subtilité froidement compliquée et souvent obscure, et surtout dénuées de ce frisson de vie passionnelle, de cette émotion humaine sans laquelle une œuvre d'art reste toujours le délice d'un très petit nombre.

Les symbolistes préférèrent être peu lus et rester jalousement des artistes sevrés des satisfactions du grand succès, en constituant dans l'histoire des lettres françaises un cas tout à fait spécial. Ils s'intéressèrent à toutes les manifestations esthétiques, remontèrent dans le passé à bien des sources délaissées, influèrent sur le goût et les mœurs beaucoup plus qu'on ne l'eût supposé, et tentèrent en somme l'organisation d'un vaste mouvement indépendant dont l'équivalent n'a pas été accompli après l'amortissement de leur action qu'on peut situer de 1885 à 1900. Le symbolisme aura été le dernier « mouvement » (car le terme d' « école » ne saurait lui convenir) que la littérature contemporaine ait connu. Il a eu des maîtres, des directives, un plan d'ensemble, il a produit un cycle d'œuvres et un système critique très cohérent. Cela ne s'est pas retrouvé depuis. Après lui, comme après l'art du groupe impressionniste, il n'y a plus eu que des manifestations individuelles et quelques agrégations éphémères.

Longtemps raillé, tenu en suspicion par les régents d'académie et la presse routinière, le symbolisme aura donné à une époque qui lui fut ingrate sa plus belle et même sa seule poésie : et l'étranger ne s'y est pas trompé. C'est aux Henri de Régnier, Jean Moréas, Albert Samain, Francis Jammes, Charles Guérin, Paul Fort, Paul Claudel, Emile Verhaeren, qu'il faut demander les beaux poèmes de notre temps. C'est à leur entente intime avec les musiciens que l'art français aura dû un genre jusqu'alors réduit à la banalité de la romance de salon : le *lied français*, pour prendre le seul terme exprimant bien la nuance spéciale que les uns et les autres ont portée d'emblée au plus délicieux degré de charme et à la maîtrise technique. Même si les théories de fusion des arts issues du système wagnérien devaient disparaître, il resterait du moins d'elles ce témoignage, cette littérature du lied qui a été l'apport de la poésie symboliste et qui a concilié à la fois la tradition du folklore et les extrêmes raffinements de l'art littéraire. Là les poètes symbolistes, qui passaient pour obscurs à force d'abstraction et pour encore plus « tour d'ivoire » que les parnassiens, ont révélé une sentimentalité et une émotion toutes verlainiennes — et ce sera leur meilleur titre de survie. On peut dire que cette poésie, qui a ému et émouvra tant de cœurs, est sans équivalence dans la poésie consacrée des Rostand ou des Richepin, qu'elle a été réellement l'efflorescence d'un groupe de rares artistes amoureux du lyrisme pour lui-même.

Ni le roman (hormis quelques petits chefs-d'œuvre de Remy de Gourmont), ni le théâtre, n'ont donné aux symbolistes le prétexte de s'élever aussi haut. Ils n'eurent ni le sens scénique ni la faculté d'animer longuement leurs savantes allégories. Mais, indirectement, leur esthétique a agi sur des tempéraments très divers. Les livres de Barrès ne se sont libérés que progressivement d'une emprise symboliste très évidente au début, et il garda toujours une sympathie pour les allégoristes et abstracteurs qui avaient été ses compagnons de jeunesse. *Le Jardin de Bérénice* est une composition absolument conforme, malgré ses éléments d'ironie, à l'esthétique des mallarmistes. Les deux seuls grands cycles de romans sociaux qui aient été tentés depuis ceux de Balzac et de Zola, par Joséphin Péladan et par Paul Adam, reposent sur de vastes assises de symboles entrelacés ; et bien que l'un et l'autre de ces écrivains originaux aient tendu à l'expression directe, violente, des foules, leur préoccupation a toujours été de décrire d'abord la vie des idées, de chercher et de montrer dans les êtres isolés ou groupés les motifs abstraits qui déterminaient leurs actes. Les épisodes de leurs romans ne sont que les illustrations d'une idéologie sociale. Péladan, douloureusement diffamé et méconnu, a été un des précurseurs du symbolisme avant de devenir le critique d'art le plus érudit, le plus probe, le plus homogène que l'art français ait connu depuis Baudelaire, et sa vie entière, entravée par une criante injustice et la plus basse raillerie, a été un exemple de courageuse indépendance intellectuelle.

L'œuvre de Paul Adam, si puissante, si variée, s richement sollicitée par toutes les idées, est exécutée dans une manière à la fois réaliste, impressionniste et lyrique, mais elle reste avant tout imbue du culte des symboles qui sont, pour Adam, les personnages essentiels et vivants d'une vie supérieure et impérissable. On peut considérer ses romans comme des efforts décisifs pour concilier la peinture de la réalité émouvante et le jeu secret de ces abstractions que le symbolisme tout pur trouvait seules dignes d'être exprimées. Il n'est pas exact, d'autre part, de considérer le théâtre de Maeterlinck comme un théâtre exclusivement symbolique. Il y a en lui du préraphaélisme, du germanisme, et de la mysticité flamande, les influences qu'il a assimilées sont nombreuses, et c'est même pour cela que ses œuvres dramatiques et ses essais ont pu plaire universellement, chaque pays y retrouvant quelque signe de sa sensibilité propre. Maeterlinck, cosmopolite intellectuellement et moralement, était destiné à devenir un auteur « européen ». Mais, incontestablement, si une école littéraire pouvait le revendiquer plus légitimement qu'une autre, c'était bien ce symbolisme français auquel restera liée la renaissance littéraire belge dont il fit partie.

Il faut en dire autant de Verhaeren, demeuré si spécifiquement Flamand, mais dont tous les poèmes sont d'éloquentes paraphrases de symboles. Il n'est pas jusqu'à Gabriele d'Annunzio qui n'ait subi l'influence directe de nos symbolistes et ne les ait même imités visiblement dans *les Vierges aux rochers*. Je ne note ces quelques remarques que pour bien montrer que si le roman symboliste proprement dit ne se borne guère qu'à certaines compositions de Remy de Gourmont et d'André Gide, l'influence du symbolisme s'est étendue à des œuvres très divergentes ; je la relèverais même chez Hauptmann, et on sait que Mallarmé fit école dans le groupe allemand dont Hoffmannsthal et Stefan George furent les protagonistes. L'art symboliste a bien été ce que rêvait Mallarmé : une sorte de « comprimé » d'idées et de suggestions soluble dans la littérature moderne. Et même les critiques officiels qui s'obstinèrent à nier cet art en ont plus ou moins reconnu les traces dans une foule d'œuvres conçues en dehors des milieux où il était né. Il est même piquant de constater que si toutes les jeunes écoles ou chapelles nées depuis 1900 ont médit du symbolisme, selon la loi immanquable qui fait désavouer durement tout mouvement de la veille par celui du lendemain, toutes sont restées imprégnées d'une certaine façon d'allégoriser, sans pouvoir s'en débarrasser.

Il est arrivé, par exemple, que les jeunes ont découvert et déifié sur le tard André Suarès et Paul Claudel, sans s'apercevoir que ces deux esprits altiers appartenaient essentiellement à cette génération symboliste dont ils ne voulaient plus entendre parler. Les circonstances de la vie avaient imposé un long silence à ces deux écrivains. Suarès avait vécu dans la solitude, en marge du symbolisme, ne publiant qu'à très petit nombre ses essais, qui sont magnifiques et que personne n'avait daigné signaler, bien que Brunetière se fût honoré en ouvrant la *Revue des Deux-Mondes* à une splendide étude sur Ibsen. Le cas de Claudel était encore plus singulier. Diplomate, séjournant en Amérique, puis en Chine, il avait édité à tirage restreint, hors commerce et anonymement, une grande partie de ses drames symboliques, ne signant que quelques-uns des très beaux paysages de Chine qui ont paru plus tard dans le volume intitulé *Connaissance de l'Est.* Les écrivains du mouvement symboliste connaissaient et admiraient Claudel quinze années avant que les « jeunes », vers 1912, s'avisassent de son existence, et que l'évolution catholique de Claudel, grandiosement affirmée dans l'*Annonce faite à Marie*, valût à cette œuvre dramatique et mystique la brusque faveur de la critique bien pensante pour des raisons religieuses beaucoup plus que littéraires : car le génie lyrique de Claudel, qui est le plus grand et le plus personnel poète français vivant, comporte des audaces elliptiques et des obscurités tout aussi inintelligibles aux critiques officiels que l'art de Mallarmé. Et on peut en dire autant de la manière vaticinatrice de la plupart des essais d'André Suarès. Claudel et lui sont des symbolistes et des indépendants au sens complet de ces deux termes. Leur gloire tardive s'est affirmée sans le concours et même en dépit des procédés habituels de la presse, grande directrice de l'arrivisme. C'est bien malgré elle qu'ils se sont imposés, avec un parfait mépris de la publicité. Il faut les rattacher au symbolisme. Claudel d'ailleurs prétend devoir à Arthur Rimbaud son initiation littéraire. Mais il constituerait à lui seul une école, s'il se souciait d'en évoquer une : car tout, qualités et défauts, lui est personnel. C'est une sorte de gothique (au sens catholique et français), un imagier ornant sa foi par une richesse merveilleuse de métaphores, adoptant pour ses drames et ses poèmes une forme de prose rythmée où se retrouvent les « laisses » du moyen âge, composant des drames mythiques qui tiennent des mystères et des fabliaux. L'ensemble, où brillent les plus beaux dons parmi de déconcertantes ténèbres, ne ressemble à rien de ce que la littérature contemporaine a produit, sinon, par la liberté absolue de toute convention et de toute mode, à Mallarmé, qui pénétra d'ailleurs d'emblée le génie de Claudel. Je ne tente pas ici de critique littéraire proprement dite. Je me borne à suivre, à travers les mouvements et les individualités, l'évolution de l'idée d'indépendance. Je ne retiens donc de Claudel que ceci : issu du symbolisme, il apporte dans notre temps une conception et une œuvre qui s'isolent, et s'il est salué, après de longues années muettes, par l'admiration des jeunes, nul ne peut encore dire s'il ne demeurera point un cas exceptionnel, un « en dehors » admirable en soi, mais d'influence nulle. On ne peut guère imiter que les outrances de sa manière, et son catholicisme l'incline de plus en plus, comme Francis Jammes sur lequel il a vivement influé, à ne plus mettre son inspiration poétique qu'au service exclusif de sa foi. Ces deux artistes s'agrègent délibérément au groupe des écrivains chrétiens militants, groupe où il faut bien dire que la médiocrité est générale, et où de telles recrues sont accueillies, comme jadis Huysmans ou Léon Bloy, avec une certaine frayeur spirituelle. Je ne veux pas enfin, quelque inévitables que soient mes omissions, oublier de rattacher au symbolisme deux hommes diversement admirables qui comptent parmi les plus beaux ouvriers de la prose française, Marcel Schwob, disparu trop tôt, comme Jules Laforgue, mais ayant laissé comme lui des merveilles, et Elémir Bourges, maître de profondeur et de puissance, et figure entre toutes représentative de l'indépendance telle qu'un artiste véritablement sincère peut se la figurer.

Il y a eu plus de classicisme et de discipline qu'on ne l'a cru d'abord en ce mouvement symboliste, et les universitaires eux-mêmes, après l'avoir vilipendé, lui ont demandé ou dérobé des leçons. Il a donné de plus en plus la sensation d'avoir été une école, groupée sans pédantisme autour de l'âme rayonnante qu'avait été Mallarmé. Et cela a été si vrai qu'après la cessation de sa période d'influence directe, vers 1900, les jeunes gens survenus, empressés à le désavouer, ont malgré tout senti le besoin de reconstituer une homogénéité, de la manifester par un système de revues analogue à celui que, sans argent, sans appuis, les symbolistes avaient créé. Mais il en a été du symbolisme comme de l'impressionnisme : derniers mouvements d'individualités associées, auxquels un individualisme d'enfants perdus, isolés et discordants, a succédé. Les mouvements nouveaux se sont tous plus ou moins réclamés de ce qu'ils appelaient « la vie », sans préciser. Il y a eu l'humanisme, le naturisme, l'intégralisme, l'intensisme, auxquels se sont attachés les noms de poètes comme Fernand Gregh, Saint-Georges de

Bouhélier, Charles de Saint-Cyr. Il y en a eu bien d'autres encore, et un énorme volume analytique dû à M. Florian Parmentier, à la veille de la guerre, suffisait à peine à résumer toute cette activité fiévreusement velléitaire. Mais si quelques tempéraments ont paru, on peut dire que la cohésion a fait défaut, comme dans les peintres du Salon d'automne et des indépendants. Une crise analogue de dispersion, de surproduction, de pléthore théorique et de dégénérescence technique s'est ouverte, la négligence de forme et l'inculture sont devenues là aussi les conséquences de la prétention à la nouveauté d'abord. Il faut enfin observer l'influence désolante qu'a exercée, sur de jeunes gens en mal de réputation précoce, la fausse presse littéraire disant « s'ouvrir enfin aux écrivains » et n'ayant abouti qu'à gâcher en dix ans de contes quotidiens un des plus charmants genres de notre littérature et à en dégoûter le public, tout en se fermant plus que jamais à une critique littéraire sérieuse, informée, bienveillante et probe. On ne peut comparer les méfaits de cette presse qu'à ceux de l'agiotage des marchands de tableaux. Même abaissement de la moralité professionnelle, même désordre, même esprit de corruption et d'arrivisme : les symbolistes, comme les impressionnistes, n'auront pas connu cela. Leur tenue morale, leur scrupule, n'ont point retrouvé d'équivalences.

VII

Le théâtre indépendant. Inertie des scènes officielles, exclusion de la poésie dramatique. Les scènes à côté : le Théâtre-Libre, l'Œuvre, le Théâtre des Arts. L'ibsénisme.

La caractéristique la plus nette peut-être du théâtre contemporain aura été le délaissement systématique des œuvres poétiques. Le théâtre s'est industrialisé. Il s'est produit dans l'art dramatique le même phénomène que dans la peinture : l'invasion des marchands, un agiotage effronté avec le concours de la publicité payée ; un immoralisme grandissant auquel les théâtres officiels, comme les écoles des beaux-arts, n'ont pu opposer que l'inertie négative. Vivant de la représentation des chefs-d'œuvre classiques, ils n'ont pris aucune responsabilité, fait aucun effort. Les scènes de genre ont demandé réclame et profit à des comédies qui ne se haussaient presque jamais à la comédie de caractère, mais s'en tenaient à la peinture superficielle des mœurs et des milieux. On a ainsi pris l'habitude de voir lancer à chaque saison une douzaine de pièces qui étaient de véritables affaires de publicité, où l'auteur collaborait avec les acteurs célèbres, les couturiers et les échotiers, qu'on qualifiait régulièrement de chefs-d'œuvre, qui assuraient de fructueuses recettes, et qui, à la saison suivante, étaient aussi oubliées et aussi vieillies qu'un chapeau à la mode de l'année précédente. Leurs producteurs ne cherchaient guère que le lucre et la notoriété et, malgré quelques cas d'incontestable talent et surtout de savoir-faire donnant l'illusion du talent, méritaient à peine d'être considérés comme des participants à l'art littéraire.

Le théâtre lyrique et allégorique s'est trouvé exclu de la scène par le consentement général pour une raison péremptoire ; on déclarait qu'il ne ferait pas d'argent et que le public ne s'y intéresserait pas. Le drame en vers, la féerie fantaisiste, jadis fêtés par le public du romantisme, avaient été tués par le théâtre issu du roman naturaliste, dont un grand acteur, André Antoine, fondateur du Théâtre-Libre, avait été l'audacieux initiateur. Antoine avait réagi avec science et bonheur contre une tradition conservatoriale dégénérée. Il avait détruit beaucoup de poncifs et exercé une influence juste et utile sur la jeune génération d'acteurs en les ramenant à la vérité vivante. En ceci on peut comparer son influence à celle de Manet et des impressionnistes dans la jeune peinture. Antoine a certainement rendu de très grands services et apporté un bel exemple. Mais on peut lui adresser le même reproche qu'aux impressionnistes-réalistes. Il fut, en devenant un directeur de théâtre, l'esclave d'une formule très étroite, excluant l'imagination, la fantaisie, le rêve, le grand style. Il fut le serviteur au théâtre de la lamentable pseudo-littérature naturaliste, et les « pièces rosses » qu'il monta si copieusement, où il fit admirer les talents d'une série de jeunes acteurs, auront pesé lourdement sur notre époque.

En face du mouvement représenté ainsi par l'individualité brillante et forte d'Antoine, il n'y avait guère, pour sauvegarder les droits d'une dramaturgie poétique, que le théâtre créé par une actrice géniale, Mme Sarah Bernhardt. Malheureusement, son goût était aussi médiocre que son art personnel était admirable, et de plus des difficultés matérielles la forçaient à se laisser circonvenir. Elle fut avant tout l'interprète des drames historiques adroits et banaux d'un Sardou, des créations verbeuses et pastichées d'un Rostand, alors qu'elle eût pu être la révélatrice splendide des grands chefs-d'œuvre injoués ; elle réussit, et ce lui sera compté, à incarner *Hamlet* selon une version infiniment plus fidèle que celle qui dénature l'œuvre shakespearienne à la Comédie-Française, et elle eut la gloire de jouer *Lorenzaccio*, cette merveille obstinément ignorée par cette même Comédie. Mais celle qui fut la plus belle des Phèdres aura gaspillé son génie à jouer des pauvretés comme *Froufrou, Tosca, Gismonda, Fédora* ou autres productions industrielles, alors que Shakespeare, Sophocle et bien d'autres splendeurs dramatiques eussent été dignes d'elle. Tragédienne incomparable, Mme Sarah Bernhardt, à qui l'idolâtrie du public fournissait tous les moyens, a complètement manqué, en tant que directrice de théâtre, le très beau rôle qui lui incombait, en prenant Sardou ou Rostand pour de grands auteurs et en confondant la science de la scène et du succès avec le vrai don tragique.

Entre elle et Antoine, durant des années, les théâtres officiels sont restés routiniers et mornes, comme l'École académique entre l'impressionnisme et la peinture néo-romantique d'orientalisme ou d'histoire. Les théâtres fondés par Mme Sarah Bernhardt n'ont été que les entreprises individuelles d'une personnalité qui souhaitait être chez elle et chez qui on n'allait que pour elle-même. Le théâtre d'Antoine mérite bien plus d'être considéré comme une expression de l'art indépendant. Il a été l'annexe d'une école littéraire. Il a rencontré de vives oppositions et connu de belles batailles : et si plate que fût son esthétique, du moins l'a-t-il vivacement défendue. Il n'est que juste d'autre part de reconnaître qu'Antoine a essayé à plusieurs reprises d'élargir son champ d'action en s'ouvrant au théâtre étranger, russe, scandinave, allemand, en jouant *la Puissance des Ténèbres, les Tisserands, Maison de*

Poupée, *le Canard Sauvage*, *Hannele Mattern*, *Vieil Heidelberg* et maintes autres œuvres, avec une étonnante perfection de mise en scène. Mais il resta prisonnier de ses premières attaches naturalistes, il était indifférent à la poésie, et ce ne fut que sur le tard, dans sa direction de l'Odéon, qu'une malchance imméritée rendit vains ses efforts pour évoluer en donnant d'admirables représentations comme celles du *Jules César* de Shakespeare. La carrière d'Antoine aura donc été féconde, intéressante et digne de toute estime, et le Théâtre-Libre, devenu le Théâtre-Antoine, aura tous les droits d'être compté comme le premier théâtre indépendant.

Il était naturel que l'avènement de la génération des poètes symbolistes comportât, entre autres réactions contre l'école naturaliste, la fondation d'une scène libre dédiée à toutes les œuvres dramatiques d'un caractère idéaliste restant injouées par les théâtres officiels. La liste en était et en demeure longue. Cependant les symbolistes n'avaient pas de dispositions dramatiques et s'intéressaient peu au théâtre. Ils avaient quant au théâtre éducateur de la foule, tribune, messe de beauté, les théories wagnériennes : mais cela restait à l'état de théories. L'art subjectif de ces artistes, leur tour d'esprit, leur dédain de la publicité, du succès, de l'argent, tout les éloignait du théâtre. Il y eut une tentative, desservie par l'inexpérience et le manque de moyens, celle du *Théâtre d'Art* improvisé par le poète Paul

Fort. Puis vint la création de l'*Œuvre*, dans des conditions beaucoup plus sérieuses et durables, par l'acteur Lugné-Poe, qui la conçut sous la forme d'un cycle de représentations dans différents théâtres loués un certain nombre de fois par saison.

L'*Œuvre* fut créée par Lugné-Poé et moi en 1893 pour jouer le *Pelléas et Mélisande* de Maeterlinck, dont la gloire venait d'éclore, mais que nul théâtre ne s'offrait à accueillir. Puis cette société entreprit de représenter toute la série des drames d'Ibsen envers lesquels on montrait la même apathie, malgré la sensation produite par les représentations des *Revenants*, de *Maison de Poupée*, du *Canard sauvage* et de *Hedda Gabler* qu'Antoine avait données peu auparavant. Ainsi le public français fut-il appelé à juger *l'Ennemi du peuple, Rosmersholms, la Dame de la mer, Solness le constructeur, le Petit Eyolf, Jean-Gabriel Borkman* : et ainsi cette initiative privée, complétant celle d'Antoine, détermina-t-elle en France une critique ibsénienne fort intéressante. Cependant on peut dire, et avec regret, que cette influence n'a été ni forte ni durable, et on ne saurait parler d'ibsénisme en France. La presse boulevardière et académique, fidèle à ses habitudes d'obscurantisme, d'hostilité, d'incompréhension et de blague, avait, bien entendu, commencé par refuser tout intérêt à l'œuvre du grand dramaturge norvégien Elle instruisit sur ce nouveau chef le procès de la jeune génération. J'ai connu le temps où l'on était accusé d'être un sans-patrie, un internationaliste, voire même un anarchiste, parce qu'on s'intéressait à Wagner, à Ibsen, à Nietzsche. Seuls trouvaient grâce, parce qu'ils appartenaient à des nations amies, le roman russe et la littérature italienne dont d'Annunzio apportait, par ses admirables romans, la révélation : encore n'y insistait-on pas trop sans rencontrer les préventions et la mauvaise humeur d'un protectionnisme intellectuel jaloux. La génération des enfants du siège trouvait utile de s'enquérir sérieusement des lettres étrangères ; un patriotisme mal compris, décorant l'ignorance et la paresse des gazetiers, lui opposait constamment une « clarté française » qui était sa « tarte à la crème » : et cette clarté française n'était que la caricature du véritable esprit français, l'apothéose du superficiel, du facile, du moindre effort intellectuel, dans la patrie des Montaigne, des Pascal, des La Bruyère, des Comte, des Baudelaire et de tant d'autres génies clairs mais profonds. La beauté indéniable du drame ibsénien fit taire les plaisantins et les cuistres, et suscita une émotion profonde : mais jamais on ne trouva les fonds et les scènes nécessaires pour organiser autre chose que des représentations par souscriptions, données deux ou trois fois pour la même pièce. Aucune ne resta au répertoire d'un théâtre qui se fût honoré en conservant un chef-d'œuvre comme *les Revenants*. C'est pourquoi l'influence ibsénienne s'évapora.

L'Œuvre joua et joue encore des pièces fort intéressantes. Il faut la considérer comme la création dramatique la plus remarquable et la plus méritoire qui ait paru avec le théâtre d'Antoine : et ce sont là des initiatives tout à l'honneur de l'esprit d'indépendance artistique en France. C'est à peine si de tardives et minces subventions ont été accordées par l'État, qui engouffre des millions dans ses entreprises officielles. D'autres sociétés ont surgi sans se décourager. A André Antoine, las et déçu par la direction de l'Odéon où il fit faillite de la façon la plus honorable pour avoir accompli de coûteuses merveilles d'art, succéda un autre grand acteur et metteur en scène, Firmin Gémier, dont le nom est cher r tous les artistes. Il y eut aussi des tentatives pouà jouer Shakespeare, dues à Camille de Sainte-Croix. Il est incroyable que Shakespeare ne soit représenté à la Comédie-Française que par le seul *Hamlet*, rimé piètrement et conçu à contre-sens, de Paul Meurice ; que l'initiative privée des « scènes à côté » ait permis à Antoine, à Gémier, à Mme Sarah Bernhardt, de jouer *Jules César*, *Hamlet*, *Coriolan*, *le Juif de Venise* ; qu'un *Roi Lear* ait été vaguement adapté pour l'Odéon ainsi qu'un *Conte d'Avril* versifié platement — et que ce soit là tout ! Et Paris ne connaît ni les tragiques de l'époque d'Elisabeth, ni la comédie italienne, ni la comédie et le drame des Lope de Vega et des Calderon, ni Lenau, à peine quelques pièces adaptées de Tolstoï et de Dostoievsky.

L'honneur de tenter, sans argent, avec obstination, malgré l'obstruction de la presse, de réparer ces honteuses lacunes, aura appartenu tout entier à des audacieux dont le dernier en date aura été M. Jacques Copeau, fondateur du très intéressant petit « Théâtre du Vieux-Colombier », dont la guerre a suspendu l'effort. Une mention toute spéciale est due à Robert d'Humières, tué à l'ennemi en 1915, traducteur de Kipling, poète, essayiste et esthéticien de la plus haute valeur. Transformant jadis à ses frais la pauvre scène de mélodrame du boulevard des Batignolles en « Théâtre des Arts », il y révéla, durant deux saisons, les meilleures œuvres de Bernard Shaw, de Wilde, de Pinero, et des œuvres orientales présentées avec un goût sans défaut.

Pendant ce temps les théâtres boulevardiers et réguliers continuaient avec une sereine indifférence à jouer indéfiniment le répertoire de tout repos et à gagner de l'argent dans l'insouci complet des missions morales et esthétiques de la scène. Le contraste apparaissait attristant et inconvenant entre les tentatives d'art non encouragées et l'industrialisation d'un théâtre où le couturier et l'agent de publicité comptaient exactement autant que les auteurs. Ces pièces étaient dues à un roulement d'une dizaine de trusteurs qui amassaient des rentes. Le point central de ces compositions était un lit autour duque les protagonistes tournaient ingénieusement avant d'y choir, et de ces basses péripéties, de ces niaiseries ou de ces cynismes, il semblait que le public ne fût jamais rassasié. Tout au moins son état d'esprit apparaissait-il obscur, car il assistait avec un égal empressement, et comme on s'acquitte d'une obligation mondaine, à ces pauvretés ou à des représentations de Wagner, de François de Curel, de Shakespeare ou de Tolstoï, sans marquer d'antipathies ni de préférences. La seule préoccupation discernable était un constant souci de ne jamais paraître arriéré et de ne s'étonner de rien. Ce snobisme est l'effet le plus net du long travail exercé depuis cinquante ans sur la bourgeoisie par l'art indépendant. Raillé pour, jadis, s'être étonné de tout et référé à la tradition devant toute innovation, le public a été ahuri par tant d'idées insolites et forcé d'adorer tant de fois ce qu'il avait brûlé qu'il a fini par s'accoutumer à une sorte de routine à rebours, celle de l'acceptation passive, n'apportant ni plus d'aide aux vrais créateurs ni plus de gêne aux factices.

La question d'intérêt pécuniaire joue un si grand rôle dans le problème d'une rénovation du théâtre, et les mœurs de coulisses, de cabinets directoriaux et de presse dramatique sont parvenues à un tel degré de mercantilisme, qu'il semble bien difficile d'espérer une réelle amélioration. Dans cet ensemble de combinaisons commerciales, l'élément d'art n'est que le prétexte et non le but, l'enrichissement des impresarii, des acteurs et des auteurs est l'objectif capital, et cette situation n'est pas spéciale à la

France, elle s'étend à tous les théâtres européens. Il n'y a plus la plus légère analogie entre la scène moderne et le théâtre grec, religieux et national, ou le théâtre shakespearien, ou même le théâtre du XVIIe siècle. La tentative grandiose de Wagner à Bayreuth a été le dernier effort pour redonner à la cène ce caractère de communion et de sacrement qui anima, aux temps antiques, le vieux génie hel.ène : encore Wagner fut-il secondé par un souverain lui assurant des éléments exceptionnels et snespérés, et malgré tout Bayreuth ne se soutint financièrement que par des souscriptions et une sorte de société par actions qui usa de tous les procédés de réclame à l'égard du snobisme cosmopolite. Tout cec s'applique indistinctement au théâtre lyrique.

La seule scène lyrique qui ait été dirigée avec goût, conscience et désir de produire des œuvres originales, en ces dernières années, a été l'Opéra-Comique tel que l'a dirigé M. Albert Carré. L'Opéra était arrivé, à la veille de la guerre, à un tel état d'inertie, de malfaçon et de mésentente directoriale iqu'il avait fallu une réforme radicale dont les événe ments ont interdit jusqu'ici d'éprouver les conséquences. Les essais relatifs à un théâtre lyrique municipal à Paris ont tous été aussi fâcheux qu'éphémères. Paris est la seule grande capitale qui supporte encore ce fait inouï, l'absence d'une salle spécialement destinée aux concerts symphoniques, lesquels sont contraints de louer des théâtres et des cirqeuimpropres aux auditions d'orchestre, alors que le concert dominical est entré dans les mœurs et attire des milliers de fervents mélomanes. Diverses grandes villes de province ont osé tenter une salutaire décentralisation et ouvrir leurs scènes à des œuvres nouvelles : mais c'est avec répugnance que la critique parisienne consent à se déranger pour aller les apprécier, et avec parcimonie qu'elle leur assure des comptes rendus. Tout le monde se plaint et personne ne remédie sincèrement et résolument. Au vrai, le problème apparaît, sur ce point tout au moins, lié à la question de décentralisation générale des beaux-arts, qui se posera impérieusement dès l'issue de la guerre. La province a consenti une trop large part de sacrifices pour ne pas exiger la fin ou tout au moins l'atténuation de l'hégémonie tyrannique de Paris, la fin du dédain ironique qu'on y affecte en parlant d'elle. La « faiseuse de gloire » a joué là un rôle qui ne sera certainement plus toléré dans une France qu'un large esprit de réforme animera nécessairement.

Il semble pourtant que le caractère de conservatisme et de bureaucratie des entreprises officielles soit indélébile. Si une rénovation de la scène dramatique et lyrique doit se produire pour répondre aux vœux de milliers de mécontents, ce ne sera sans doute que par la création de scènes « à côté » mieux organisées et plus puissantes, qui prendront la tâche en mains sans attendre le concours de l'État. C'est en quoi il faut considérer comme des prodromes les tentatives d'Antoine, de Gémier, de Lugné-Poe, de Colonne, de Lamoureux et de leurs successeurs.

Ces tentatives, nées très modestement, ont pourtant prospéré en un quart de siècle au point d'avoir dépassé de beaucoup, pour l'honneur de l'art dramatique et lyrique, les résultats des scènes officielles. C'est là une des meilleures manifestations de l'esprit d'indépendance dans l'art moderne, une des meilleures preuves de sa vitalité. Là ont été fixés les modèles d'une organisation scénique libre et rationnelle dans la société de demain.

III

MUSIQUE

VIII

Debussy et le debussysme. Franck et son école. Naissance, apogée et décadence de l'influence wagnérienne. Le réalisme musical : Bruneau et Charpentier. Délaissement progressif des grandes compositions.

Le mouvement symboliste aura eu, entre autres caractéristiques, celle de n'être point un mouvement exclusivement littéraire, mais une tentative de synthèse des arts. Il a été dû à un groupe d'hommes qui se déclaraient des artistes et non simplement des gens de lettres, ayant même un mépris non dissimulé pour cette dernière qualification. Épris de tous les arts, les aimant et les connaissant à un égal degré, ils cherchaient à créer une expression poétique qui en fût, pour ainsi dire, le plus grand commun diviseur, comme l'avait fait cet art wagnérien qui les influençait si vivement.

Et cependant le symbolisme n'a pas trouvé de suite ses équivalences picturales ou musicales, comme cela eût dû logiquement se produire. Il est très remarquable que les écrivains symbolistes eurent de la sympathie et de l'admiration pour la peinture impressionniste, qui, en réalité, ne correspondait aucunement à leurs visées. En fait, ce qui conduit surtout les artistes indépendants à fraterniser, c'est l'amour de l'indépendance et les injures qu'ils ont à supporter en commun de la part d'un public non initié et d'une critique routinière et hostile à toute innovation. Quand les symbolistes de vingt-cinq ou trente ans parurent, les peintres impressionnistes qui étaient leurs aînés de dix ou quinze ans n'étaient pas encore acceptés. Mais les amis de Manet et de Monet correspondaient esthétiquement au réalisme et à la conception pittoresque et moderniste de Zola ou des Goncourt, c'est-à-dire à quelque chose que l'art des symbolistes refusait : et ils louèrent en peinture ce qu'ils honnissaient en littérature. Il est exact de dire que si le mouvement littéraire symboliste a pu être considéré comme clos après la mort de Mallarmé, en 1898. C'est seulement douze ou quinze ans après qu'il a trouvé son expression parallèle dans la jeune peinture. Sur quoi se fonde en effet la peinture dite « fauve » ou le cubisme? Sur le principe essentiel de renoncer à toute transcription directe de la nature, à toute copie de la réalité, pour n'admettre que des interprétations décoratives, des transpositions arbitraires, des synthèses de lignes et de plans colorés harmonisées selon le libre vœu de l'imagination. Ce n'est pas autre chose qu'a voulu faire la littérature symboliste : et elle n'a pas eu ses peintres, ils ne sont venus que bien plus tard, quand sa période militante et productrice était absolument accomplie.

Il en a été de même pour la musique. Les compositions d'Igor Stravinsky, par exemple, sont exactement celles que le principe du symbolisme eût nécessitées entre 1885 et 1898 : tandis qu'on voit que les musiciens contemporains de nos symbolistes, encourant avec eux la défaveur hostile du public et de la critique, auront été Franck, d'Indy, Chausson, Dukas, ou Charles Bordes, les franckistes et les wagnériens, c'est-à-dire des évocateurs musicaux qui nous paraissent aujourd'hui presque classiques. Le seul Claude Debussy aura fait exception. Il aura été le seul qui, consacré par un triomphe tardif en 1904, avait dès ses débuts créé une musique absolument associée aux principes esthétiques des écrivains symbolistes dont il était l'ami. L'art de Debussy correspond exactement à la poésie de Verlaine dans le domaine sensible et à celle de Mallarmé dans le domaine intellectuel. On peut considérer enfin que l'art de Rodin s'est trouvé presque aussitôt ses débuts en conformité avec la doctrine symboliste pour s'y rallier de plus en plus, bien que Rodin n'ait théorisé que sur le tard, et qu'il se soit plutôt agi là d'une disposition naturelle de son esprit.

C'est ainsi que le mouvement symboliste, littérairement dépassé par diverses autres manifestations naturisme, humanisme, roman social, s'est pourtant prolongé sous forme d'influences indirectes dans la peinture, les arts ornementaux, la statuaire et la symphonie. Il aura moins créé d'œuvres que suscité de tentatives, et indiqué d'orientations, qui ont commencé de se préciser une vingtaine d'années après sa clôture apparente. C'est là un phénomène singulier. Le réalisme dans le roman avait eu ses peintres et même ses musiciens en même temps qu'il se manifestait dans les lettres. On conçoit très bien qu'à Zola ou à Goncourt se soient associés Manet, Degas, Courbet ou Raffaëlli, qu'à Zola correspondent Alfred Bruneau ou Gustave Charpentier. Mais on trouvera curieux plus tard que l'admiration des symbolistes soit allée tout ensemble à Mallarmé, à Manet, à Wagner, à Cézanne, c'est-à-dire à des tempéraments absolument contradictoires.

La carrière éclatante et brève de l'harmoniste de génie qu'a été Claude Debussy aura eu ce privilège de réunir à la fois l'art impressionniste et l'art symboliste : réunion que l'art de Mallarmé n'a pu qu'esquisser, et qui ne pouvait probablement se réaliser que dans cet art impondérable et illimité, totalement développé dans l'espace et le temps, qu'est la musique symphonique. A ce point de vue on peut tenir pour un absolu chef-d'œuvre ce *Prélude à l'Après-midi d'un Faune* qui est à la fois une composition descriptive, un poème de sensualité, et une transposition tout abstraite. Et c'est un autre chef-d'œuvre, pour les mêmes raisons, que *Pelléas et Mélisande*, dont la musique coïncide mot à mot au texte du drame symbolique de Maeterlinck, en exprimant à la fois le dialogue, la psychologie, l'atmosphère scénique et le sens allégorique.

La vie prématurément interrompue de Debussy aura offert le parfait exemple de l'évolution d'un artiste pleinement indépendant. Prix de Rome, Debussy abandonna tous les bénéfices légaux de ce titre, ne termina même pas son séjour à la villa Médicis, et revint à Paris où, jusqu'au succès tardif de *Pelléas et Mélisande*, il vécut en donnant des leçons de piano et d'harmonie. Son caractère capricieux, ombrageux, amoureux de l'exceptionnel, le poussa à ne fréquenter que dans les milieux honnis par la routine, à fuir la société des gens en place. Artiste raffiné, connaissant et goûtant tous les arts, il s'attachait aux rares et aux méconnus. Il adora la peinture impressionniste, la poésie de Verlaine et de Mallarmé, les contes de Villiers de l'Isle-Adam et de Poe, le japonisme.

Il produisit peu et lentement, avec un total insouci de l'opinion et du profit. Pianiste merveilleux, il ne daigna jouer en public qu'en de très rares mais inoubliables occasions, alors que fortune et célébrité lui fussent échues s'il avait voulu s'affirmer virtuose de concerts. Ses premiers recueils de mélodies furent composés sur des poèmes de Rossetti, de Verlaine, de Baudelaire, et plus tard il commenta Mallarmé et Pierre Louys, affichant ainsi ses préférences. Il composa même ses *Proses lyriques* sur des textes singuliers et obscurs qu'il écrivit. Le *Prélude à l'Après-midi d'un Faune* fut sa première œuvre d'orchestre jouée en public : elle s'inspirait d'une œuvre réputée incompréhensible, et le parut non moins. Elle fut sifflée, et ne reparut qu'après le triomphe de *Pelléas*, pour être alors déclarée un délicieux chef-d'œuvre. Le *Quatuor*, qui est très beau, resta longtemps ignoré. Quand, frappé par la lecture du drame de Maeterlinck, Debussy entreprit de le commenter lyriquement, il consacra à ce travail une dizaine d'années sans avoir aucune espérance de le faire jamais jouer. Tout au plus, selon ce qu'il me confia un jour après m'en avoir fait lecture au piano, pensait-il qu'un amateur célèbre, le comte Robert de Montesquiou, organiserait chez lui une ou deux auditions de son ouvrage. Théâtres et concerts semblaient devoir lui rester à jamais fermés sans que sa nonchalance dédaigneuse s'en émût. Cependant il savait qu'il portait en lui une conception musicale hautement originale et neuve, et cela se savait dans un petit cercle, et c'est l'opinion de ce petit cercle qui influa peu à peu jusqu'à déterminer l'Opéra-Comique à essayer de présenter *Pelléas* au public, comme un essai sans lendemain, une concession superficielle aux « jeunes » et un insuccès aussi prévu qu'honorable.

L'événement en décida autrement. L'engouement fut aussi brusque que la méconnaissance avait été obstinée. En quelques jours Debussy se trouva chef d'école. Il ne s'en émut pas davantage, il resta lui-même, un artiste raffiné et un homme paradoxal et sarcastique, un indépendant ne produisant qu'à ses heures. Il ne revint au théâtre que pour y donner son importante partition de scène pour le *Martyre de saint Sébastien* de Gabriele d'Annunzio, et rien de ce qu'il projeta d'autre n'a été réalisé, ni le *Tristan et Yseult* qu'il voulait opposer à celui de Wagner en s'inspirant de la vraie version française, ni les deux actes, l'un burlesque, l'autre tragique, sur deux contes de Poe, *le Diable dans le beffroi* et *la Chute de la maison Usher*. Il se mit à écrire ses poèmes d'orchestre sur *la Mer*, ses mélodies sur les *Chansons de Bilitis*, ses adorables pièces de piano parmi lesquelles brillent des chefs-d'œuvre comme l'*Hommage à Rameau*, *les Jardins sous la pluie* et *la Cathédrale engloutie*, et il se mit aussi à écrire ses critiques musicales anti-wagnériennes, le tout en amateur et en artiste absolument indifférent à tout ce qui n'était pas son plaisir et sa manière de penser. Cette attitude, Debussy l'a gardée jusqu'à sa mort avec une complète intransigeance : pauvre, riche, obscur, illustre, il est resté lui, sans rien devoir à l'État, à la critique, à la société.

Son art n'a pas été moins isolé, moins indépendant que sa carrière. Cet art constitue dans l'histoire de la musique une sorte d'îlot. Il ne ressemble à rien de ce qui l'a précédé. On a pu remarquer qu'il était, dans le coloris général, influencé par la musique russo-orientale, qu'il devait aussi à Liszt, et que particulièrement dans la structure du dialogue lyrique l'influence de Moussorgsky s'y révélait, Debussy ayant étudié le génial auteur de *Boris Godounow* bien avant personne en France. Mais ce ne sont là que des affinités secondaires. Si l'enseignement de Franck avait commencé à détourner les musiciens français contemporains de la trop tyrannique emprise wagnérienne, on peut dire que celle de Debussy les en a libérés définitivement et pour le style et pour la technique Debussy a ramené nettement la musique à cette définition d'apparence toute sensualiste : « une combinaison de timbres et de rythmes dont l'unique but est de faire plaisir à l'oreille ». Le trait le plus frappant de son génie a été une prodigieuse délicatesse dans la perception et l'association des timbres. C'est ce qui donne à toutes ses compositions un charme unique dans toute l'histoire musicale. Mais cette affirmation purement impressionniste n'était chez lui qu'un paradoxe de théoricien désireux d'exclure tout ce qu'il considérait comme un fatras intrus, la musique à programmes et à prétentions philosophiques, dont il était arrivé à détester le modèle dans l'art wagnérien, après l'avoir aimé, scruté et subi autant que quiconque. Debussy n'affirmait une telle formule, qui est bien loin d'enclore tout son art aussi profond que subtil, que pour bien montrer son désir d'être, en dépit de sa réputation, un néo-classique, un fils des clavecinistes du XVIIIe siècle, un descendant de Rameau. Et il y mettait de la coquetterie intellectuelle.

On ne peut dire s'il est mort ayant tout donné et commençant à se répéter, ou, comme on l'a prétendu, à la veille de marquer sa maturité par de grandes œuvres. Telle quelle, l'œuvre qu'il nous laisse est en soi d'un délicieux génie, et elle a suffi à déterminer un grand mouvement : à tel point qu'on a pu écrire qu'elle ouvrait une ère nouvelle, qu'elle apportait une conception de l'harmonie absolument neuve, et qu'il y a eu une crise de « debussysme » suivie des plus singulières imitations et déformations, comme il y a eu, après la peinture de Claude Monet, le cézannisme et le cubisme.

Les éloges les plus hyperboliques ont été écrits. Peut-être est-il trop tôt pour décider. Il y a autour de l'œuvre de Debussy une atmosphère assez semblable à celle que le charme de Chopin avait créée autour de son génie. Les debussystes se sont opposés à l'autre conception de l'art néo-classique représentée par Vincent d'Indy et la *Schola Cantorum* avec autant d'intransigeance qu'à l'art d'académie et de Conservatoire. Et après quelques années les debussystes eux-mêmes ont été dépassés, sous l'œil narquois de Debussy, par les admirateurs d'un Maurice Ravel ou d'un Florent Schmitt, voire d'un Igor Stravinsky. La musique est alors parvenue à un degré de monodie, de polymorphisme, de dissonance et de « poussière sonore » qui rappelle de façon inquiétante les plus bizarres innovations de la peinture post-cézannienne. On a vu ainsi — et c'est ce que je veux surtout retenir quant à l'idée générale de ce livre — ce que l'irruption d'une personnalité indépendante, faisant table rase, créant ses moyens et n'écoutant que soi, peut créer de détraquement dans une époque parmi des imitateurs n'en retenant que les licences et n'en possédant pas la génialité. En l'espèce, Debussy était prémuni contre les dangers de son esprit capricieux et frondeur par un goût souverain de grand artiste-né, qui ne pouvait rien faire qui fût laid et inintelligent. Ceux qui ont cru le suivre, puis l'outrepasser en renchérissant sur les aspects insolites de sa technique, n'ont pas tous reçu de la nature la même sauvegarde.

La marque incontestable des grands musiciens, c'est d'accoutumer l'oreille humaine à de nouvelles associations de sonorités, qui la choquent d'abord, qu'elle aime ensuite et qu'elle parvient à reconnaître harmonieuses, justes et naturelles : ainsi son domaine sensoriel s'enrichit-il grâce à ces découvreurs de rapports imprévus. Il en est de même pour la peinture et la poésie métaphorique : et à ce point de vue Debussy a été sans nul doute un grand musicien, le plus original qui ait paru depuis Wagner. Ce n'est pas à dire qu'il ait eu la puissance, la richesse de thèmes, la profondeur psychique, le don d'émouvoir le cœur, qu'on admirera éternellement en un Beethoven. Artiste de perfection restreinte, de grâce parfois morbide, de surprise raffinée, Debussy n'a pas eu l'envergure. Mais son art est à lui, et il a mérité de poser des problèmes qui en engendreront d'autres. Cela n'a pas été sans troubler et disloquer l'art musical de France, et même d'Europe, depuis une quinzaine d'années. Est-ce pour le bien? Espérons-le, mais nous n'en savons rien encore.

Ce qui est hors de doute, c'est que son exemple individuel aura grandement contribué à déterminer les jeunes musiciens à rechercher avant tout des harmonies imprévues et à rejeter tout esprit traditionniste en n'admettant que le critérium de leur libre fantaisie, d'une part ; et de l'autre, à faire des œuvres de plus en plus petites, subtiles, restreintes de forme et de portée, par aversion pour les « grandes machines » de l'opéra, du drame wagnérien et de la symphonie beethovenienne.

Ainsi se sont transposés dans la musique les deux principes de l'art impressionniste, l'autodidactisme absolu et la recherche de l'effet de surprise et d'instantanéité, au détriment de la tradition et du style. Le debussysme, comme la poésie symboliste, a engendré une quantité de menues œuvres délicieuses attestant un art raffiné, mais aucune œuvre vraiment grande et imposante. Tout a été employé à produire quelques instants de plaisir, selon un idéal de « petits-maîtres », sans ampleur de développements, sans hautes visées. Il y a eu une sorte de ratatinement volontaire par la défiance de l'inspiration, et si cela a suffi à nous créer une ravissante musique de chambre moderne, on n'aperçoit aucune œuvre dramatique ou symphonique qui puisse synthétiser, parmi tant de créations fugitives, l'originalité et la valeur de la nouvelle école française.

Il n'en avait pas été de même du groupement qui se forma autour de César Franck. Ce groupement avait, lui aussi, pleinement mérité le nom d'indépendant. Il s'était en effet constitué par la seule affinité de l'admiration autour d'un solitaire et d'un pauvre dont le génie ne fut consacré qu'après sa mort. Le franckisme fut un cénacle privé, assez pareil à celui qui entoura spontanément la personnalité attirante de Mallarmé. Il resta à l'écart des théâtres et des concerts durant de longues années. Il se déroula parallèlement à l'évolution de l'influence wagnérienne comme à celle de l'opéra français. L'idée maîtresse de Franck était de rappeler aux jeunes gens que la véritable tradition musicale est dans la symphonie, la sonate et le quatuor. Tout en admirant Wagner, il les engageait à se défier de l'imiter, et à considérer que, le génie musical de Wagner mis à part, la musico-dramaturgie wagnérienne risquait de dévoyer dangereusement les compositeurs, en sacrifiant la musique au poème tragique et symbolique. A la vérité, plusieurs franckistes, notamment d'Indy et Chausson, tentèrent, avec *Fervaal*, *l'Étranger*, *le Roi Artus*, des essais de drame lyrique fort influencés par le wagnérisme, et il était impossible que tous plus ou moins ne subissent pas l'influence de la prodigieuse révélation symphonique de Wagner. Mais ils maintinrent la fidélité aux œuvres non scéniques, et produisirent dans le domaine de la symphonie, du quatuor, de la sonate, des compositions de premier ordre, graves, vastes et puissantes, telles que la *Symphonie sur un chant montagnard français* et la *Deuxième symphonie* de d'Indy, le *Quatuor* et la *Chanson perpétuelle* de Chausson, certaines compositions orchestrales et certaines parties d'*Ariane et Barbe-Bleue* de Dukas. Les franckistes produisirent aussi toute une « littérature du lied » d'accord avec les poètes pré-symbolistes et symbolistes. Enfin, ils affirmèrent le sens exact de leur « indépendance » non pas en rejetant toutes règles, en se confiant à l'individualisme absolu, mais en constituant une école et une doctrine sur les bases d'un classicisme logique, non adultéré comme celui des académies et des conservatoires. Ce fut la *Schola Cantorum*, créée par Charles Bordes avec la ferveur d'un apôtre, et devenue, sous la direction de d'Indy, un véritable conservatoire non officiel. L'esprit de Franck y régna, et on dut à la *Schola* l'initiative du grand et méritoire mouvement qui remit en honneur et en vedette les musiques françaises et italiennes des XVIe et XVIIe siècles.

Tout cela fut accompli par la volonté de quelques individus, sans encouragement de l'État, à travers l'hostilité des milieux officiels, en marge de l'opéra néomeyerbeerien, des productions d'un Massenet ou d'un Saint-Saëns, de la mauvaise musique de prix de Rome.

Aujourd'hui la *Schola Cantorum* et les idées de

Franck et de d'Indy, après avoir fini par forcer l'agrément des officiels, grâce à l'entremise d'une personnalité aimablement éclectique comme celle de Gabriel Fauré, sont attaquées par les intransigeants néo-debussystes aussi âprement que le classicisme académique lui-même. Mais il ne faut pas oublier que le franckisme a été un mouvement indépendant, qu'il a dû lutter vingt-cinq ans pour s'imposer, comme le mouvement symboliste qui lui était contemporain, qu'il a fortement contribué à préserver notre musique de l'excessive contagion wagnérienne, qu'il a frayé des routes, et que sans lui, sans son effort éducateur, le debussysme et le néo-debussysme ne seraient ce qu'ils sont ni devant l'opinion ni dans leurs principes mêmes. C'est là ce que l'on ne saurait oublier quand on a assisté durant un quart de siècle à l'évolution parallèle des arts, bien qu'on ait dû apprendre de ce fait même que l'ingratitude de toute génération d'artistes pour la génération immédiatement précédente est une loi aussi inéluctable que déplaisante.

Le mouvement franckiste et le mouvement debussyste ont donc offert deux exemples de mouvements également indépendants, c'est-à-dire nés d'initiatives privées et s'étant constitués et développés en marge de l'art officiellement encouragé. Mais le premier aura assuré à l'art français une continuité de traditions logiques sanctionnées par de belles œuvres saines ; le second aura pris prétexte d'une individualité géniale et insolite pour multiplier les éléments de dissociation, renier toute continuité, et se jeter à l'aventure pour créer beaucoup de théories et une poussière d'œuvres dont le caractère de surprise et d'étrangeté attrayante passera vite, aussi vite que les singularités du symbolisme dans le domaine verbal, ou du néo-cézannisme et du cubisme dans le domaine pictural. Il y a d'ailleurs déjà des « poncifs » de ces diverses formules. La peinture « fauve » de Matisse est déjà poncive pour les cubistes, auxquels Manet et Monet apparaissent presque aussi fossiles que Delacroix, et la musique de *Pelléas* est déjà poncive pour les émules de Maurice Ravel, lesquels tiennent d'Indy ou Franck pour aussi antédiluviens que Beethoven lui-même : et il se passera peu de temps avant que le même dédain leur soit réservé chez les jeunes qui peindront ou écriront de la musique après la guerre. Toute la question est de savoir si tout mouvement « indépendant » ne se souciant pas de retrouver des règles justes, vraies et éternellement nécessaires dans la corruption des académies n'est point condamné à languir dans l'inviabilité. Je reste, quant à moi, toujours assuré que les pires dérèglements de la recherche individuelle contiennent toujours quelque élément utile, ne servissent-ils qu'à démontrer la nécessité d'une règle, et qu'en tout cas ils sont préférables à l'inertie de l'art officiel. Mais je ne suis plus du tout aussi assuré que je l'étais il y a dix ans de l'avenir d'une tentative comme le debussysme. Je vois bien que Debussy a créé des œuvres rares et délicieuses et a possédé une technique personnelle, et que cela fait de lui un artiste inoubliable : je ne vois pas que cette techniquè, où l'on voyait le prodrome d'une ère musicale nouvelle, ait déterminé cette ère, et je crains même qu'elle ne demeure qu'à l'état de curiosité isolée dans l'histoire de la musique. Non que ses principes n'aient point une logique et une cohérence vitale suffisante, en soi, pour engendrer une certaine manière musicale : mais ils ne sont ni assez riches ni assez puissants pour déterminer un style durable, et ils ont été, sitôt nés, accaparés, ressassés, gâchés par une imitation excessive, exactement comme le vers libre démonétisé sitôt qu'inventé. Il y aura peut-être toujours, dans la musique à venir, des détails, des parties qui, dans des cas donnés, se ressentiront des procédés et des harmonies qu'a pu innover Debussy : mais je ne pense plus que ces procédés et ces harmonies suffisent à construire de grandes œuvres, pas plus que le vers libre à constituer une grande poésie, pas plus que la notation impressionniste à fonder une tradition picturale. Si précieuses, si intéressantes qu'aient été les trouvailles de l'art indépendant moderne, à la découverte desquelles ma jeunesse a assisté avec enthousiasme, je les vois aujourd'hui comme des trouvailles d'intérêt secondaire ne pouvant être comparées, même de loin, à celles des maîtres qui ont patiemment déterminé, rectifié, conduit au dernier degré dans le passé les lois fondamentales de la symphonie, du poème, du roman, du drame ou du tableau. Et j'aperçois que ceci ne tient pas à ce que les « trouveurs » qui m'avaient enthousiasmé n'ont eu que du talent ou un peu de génie. Cela tient à ce que l'individu par lui-même ne peut pas inventer un art, mais seulement en esquisser certains perfectionnements de détail : l'art est le produit de longs efforts collectifs, organisés, c'est-à-dire d'une tradition.

Les créateurs que j'ai admirés ont agi en enfants perdus, et des zélateurs se sont aussitôt précipités sur ce qu'ils venaient de trouver pour en exagérer l'importance. Le temps est un élément indispensable. Il faudra peut-être très longtemps pour qu'on sache si les données de Mallarmé, de Debussy ou de Gauguin sont vraiment fécondes : elles reparaîtront peut-être, mais il faudra pour cela qu'on ait oublié les gens trop pressés de les commenter et de les assimiler en des productions hâtives. Ceux-là auront péri tout entiers. En d'autres termes, j'aperçois que le classicisme n'est que le produit d'une série de trouvailles d'indépendants, mais coordonnées et sélectionnées par le temps : et que toute la difficulté de la critique de leur temps est de discerner quels indépendants sont aptes à survivre pour devenir parties intégrantes du classicisme futur. C'est là la pierre de touche de tout ce qui nous paraît original, et ce qui distingue l'originalité, qui est une vertu, de la nouveauté et de la surprise, qui ne sont que des illusions de la mode. Je ressens vivement cette difficulté extrême de la critique lorsque, sans pouvoir m'empêcher de rire, je relis les louanges hyperboliques écrites naguère — parfois par moi-même — sur tel ou tel artiste dont on proclamait le génie et l'immanquable influence sur l'avenir, et qu'il faut bien aujourd'hui juger plus modestement. La manie de coter la nouveauté au plus haut prix et d'en faire la condition essentielle de l'art a déterminé dans notre temps un étrange délire critique.

Le caractère essentiel de l'action indépendante exercée par les franckistes et les debussystes aura été de libérer définitivement la musique contemporaine de l'influence du wagnérisme. Cette influence s'est exercée de 1885 à 1900 en France avec une puissance considérable, de sérieux avantages et de sérieux inconvénients. Après avoir célébré à l'excès les premiers, on ne veut plus parler que des seconds, cela va de soi; sans compter avec la guerre, qui impose à l'opinion le dénigrement et l'exclusion de Wagner. Nous avons cependant les éléments d'une estimation plus rationnelle.

Wagner était mort à Venise en 1883. Déjà un certain nombre de musicographes, d'artistes et d'amateurs français allaient à Bayreuth assister aux représentations wagnériennes et en revenaient certains qu'un énorme déni de justice, stigmatisé par Baudelaire, avait été commis en 1867 à l'Opéra de Paris à l'égard de *Tannhauser* par les mondains de l'abonnement, appuyés pour une fois par les républicains, furieux de voir le républicain Wagner patronné par l'empereur. La période d'adoration bayreuthienne était ouverte. En 1887, Lamoureux organisait la fameuse audition de *Lohengrin* que sifflaient les patriotes, à cause, cette fois, de la nationalité de l'auteur, « le Prussien Wagner », qui d'ailleurs était Saxon et avait été exilé en 1848 comme révolutionnaire. Ce scandale ne servit qu'à déchaîner les protestations des artistes et l'enthousiaste curiosité des snobs, et la ténacité de Lamoureux imposa des auditions successives de nombreux fragments symphoniques de l'œuvre dramatique de Wagner, jusqu'à ce qu'enfin l'opposition patriotique s'inclinât et qu'on en vînt à révéler sur les scènes lyriques, avec un succès immense, d'abord *Tannhauser* et *Lohengrin*, puis, en dépit de leur chronologie et de leur enchaînement logique, les drames de la *Tétralogie, Tristan et Ysolde, les Maîtres Chanteurs*, et enfin, à la veille de la guerre de 1914, *Parsifal*.

On peut considérer que de 1885 à 1900 le wagnérisme a été une des composantes essentielles de l'art indépendant français. Il a tyrannisé l'imagination des poètes, des musiciens, et même des peintres. Le mouvement poétique du symbolisme lui a emprunté la théorie de la fusion des arts, et divers éléments allégoriques et légendaires en réaction directe contre la littérature issue du naturalisme. Les musiciens ont été conquis à la fois par la magni fique écriture symphonique de Wagner, l'innovation de ses rythmes et de ses timbres, ses qualités spécialement musicales, et ses idées relatives à la réforme des sujets de drame lyrique, ne tendant à rien moins qu'à la faillite du vieil opéra et au transfert de la symphonie sur la scène. L'œuvre wagnérienne était si riche de suggestions et de réalisations esthétiques qu'elle ne pouvait manquer d'hypnotiser son époque comme une des plus grandes synthèses d'art qui eussent jamais été tentées.

Ses avantages auront été considérables. Elle a enseigné une forme dramatique nouvelle. Elle a appris au public à chercher au théâtre musical des émotions hautes et profondes qu'il avait désapprises. Elle a élevé et épuré son goût. Elle a rouvert le théâtre à l'art symphonique, et donné à nos musiciens le désir de la puissance et de l'émotion psychologique. Il semble bien aujourd'hui que la partie du wagnérisme relative au drame philosophique et épique soit périmée, et que la musique, que Wagner inféodait au drame, reste la part la plus belle et la plus durable de sa grandiose tentative. Durant les longues années où elle fut reléguée aux concerts, cette musique a grandement formé le public français et puissamment collaboré à ce relèvement des concerts qui reste une des caractéristiques de l'époque. On n'en saurait douter en consultant les programmes : on peut y constater que, d'une saison à l'autre, les auditeurs se sont plus à des œuvres abstraites et savantes qu'ils n'eussent point admises à l'époque où la musique n'était qu'une distraction pour eux : et on peut dire que Beethoven lui-même a bénéficié, dans sa remise en honneur, du mouvement déterminé par Wagner aux concerts.

Les inconvénients du wagnérisme ne pouvaient se séparer de ses avantages. Ils ont été ceux que tout homme de vaste génie apporte dans son temps, et on peut les comparer à ceux que Hugo apporta dans notre poésie en suscitant d'innombrables imitateurs médiocres et en créant des poncifs. Nos musiciens furent hypnotisés par l'idée de concentrer toute la symphonie dans le drame lyrique et symbolique. Ils subirent lourdement la hantise des procédés symphoniques et des sujets de Bayreuth. Ils furent tentés de délaisser la musique de chambre et les formes classiques pour cet art de la scène que subissaient les officiels eux-mêmes, puisque *Sigurd* de Reyer, n'était que du wagnérisme superficiellement amalgamé à l'ancien opéra, et que Massenet ou Saint-Saëns tentaient les mêmes amalgames pour obéir à la mode nouvelle. Le wagnérisme pouvait d'autant plus compter parmi nos manifestations d'art indépendant que chacun l'imitait à l'envi et que, durant au moins six années, il partagea avec tout ce que les indépendants tentaient chez nous l'ostracisme acharné de la critique et les niais sarcasmes du boulevard. Les franckistes eux-mêmes, avant de s'affranchir, ont « fait du Wagner », comme l'attestent certaines œuvres de Vincent d'Indy et de Chausson. Le wagnérisme a été pour toute une génération un amour de tête.

Il en a été ainsi jusqu'en 1900, date de *Louise*, le drame ou plutôt le « roman musical » du berliozien Gustave Charpentier. Il faut y voir le premier acte décisif de la musique française pour se libérer des formules où Wagner prétendait enfermer définitivement la musique dramatique mise au service d'une idée philosophique. Pour la première fois l'indépendance s'affirmait après quinze ans de subordination respectueuse et timide, directement sur le théâtre lui-même. Et c'est cela qui, indépendamment de la valeur de cette œuvre pittoresque, ardente et humaine, fait de *Louise* une date mémorable dans notre évolution musicale. *Pelléas et Mélisande* n'a paru que quatre années plus tard pour affirmer la rupture définitive de l'école française avec la volonté tyrannique du wagnérisme en tant que système transmissible.

Louise pouvait se réclamer d'une volonté de réalisme : l'essentiel était qu'elle fût nettement indépendante du système et de l'idéal wagnériens. La formule réaliste fut encore adoptée, en collaboration étroite avec Zola, par le musicien sincère, vigoureux et coloré qu'est Alfred Bruneau. Elle ne pouvait guère donner que quelques œuvres d'exception, dans un genre contestable et restreint. Mais *Louise*, qui est pleine de qualités magnifiques, et réaliste à la façon brillamment française d'un Manet, avait donné l'élan. Elle complétait, par de tout autres moyens, l'œuvre de saine réaction poursuivie par Franck. Ce n'est pas parce que son auteur est entré à l'Institut, comme Besnard, comme Henri Martin, qu'il faut oublier qu'il fut une des figures indépendantes les plus originales, dont les œuvres prétextèrent des batailles et qui demeure encore d'ailleurs une idole des jeunes gens, pour lesquels Gustave Charpentier sera toujours le symbole vivant de ce Montmartre dont l'histoire artistique est si amusante et si riche.

Aujourd'hui, tout cela appartient déjà au passé. Il n'en est que plus aisé à ceux qui, comme moi, restent attachés à ce passé par de chers souvenirs de jeunesse, de juger combien l'influence wagnérienne fut après tout plus heureuse que nuisible. Pour l'avoir trop reniée, notre jeune école s'est amenuisée, elle a renoncé toute puissance, toute inspiration large, libre et ingénue, elle s'est donnée au rare et au subtil, comme la poésie jalousement subjective des admirateurs de Mallarmé et de Verlaine. J'aperçois bien tout ce qu'il y aura désormais, après l'immense forfait perpétré par l'Allemagne contre l'Humanité, de blessant et d'intolérable pour nos consciences dans la *Tétralogie* : encore y aurait-il beaucoup à dire, car, après tout, la *Tétralogie* condamne le parjure de Wotan, maudit l'or, glorifie la rédemption par l'amour, et montre un crépuscule des dieux qui ressemble furieusement à celui de l'Empire de force et de haine. Mais tout cela est malgré tout trop spécifiquement allemand, il faut regretter la musique splendide et s'incliner. Par contre, des drames comme *Tannhauser*, *Lohengrin*, *Tristan et Ysolde* appartiennent à jamais au groupe des œuvres dominatrices et souveraines de l'histoire des arts, et par la beauté musicale, et par la splendeur et la richesse de suggestion méditante de leurs sujets. Ce sont des poèmes parés de toutes les richesses de la poésie et du décor, et d'une profonde beauté symbolique, philosophique et humaine. Voilà bien, auprès des niaises inventions de l'opéra anecdotique, de son histoire truquée et de ses amours conventionnelles, ce qui est vraiment digne d'être chanté, ce qui peut inspirer une musique désireuse de s'incarner sur la scène lyrique : et de tels sujets ne sont pas plus recherchés, trouvés et traités dans la musique nouvelle que les sujets de haute expression, de style et d'âme, dans la peinture nouvelle. Le poème de *Pelléas* a été un délicieux hasard de rencontre entre musicien et poète de race également belle. Les sujets que commentent nos musiciens nouveaux sont tou petits, et l'avenir regrettera sans doute autant de voir un Ravel symphoniser *Ma Mère l'Oye*, les *Histoires Naturelles* ou *l'Heure espagnole*, ou *Daphnis et Chloé*, queMozartastreint à la ridiculet *Flûte enchantée*. Seule la sombre, puissante et fervente *Légende de saint Christophe* de Vincent d'Indy rappelle par son grand style de poème mystique les élévations de l'art wagnérien. Mais un Franck lui-même a dû plier son génie à mettre en musique les plats versets des *Béatitudes* de Mme Colomb et de sots livrets comme *Hulda* et *Giselle*; guère moins mauvais que les textes de cantates imposés aux prix de Rome.

Ceci nous ramène à la « querelle des sujets » tout comme en peinture et dans la littérature romanesque. Une caractéristique de l'art indépendant aura été de subordonner l'intérêt de l'œuvre à la richesse et à l'habileté de son exécution, et de laisser au mauvais art officiel le soin d'abriter sa plate technique derrière les façades de sujets imposants. Il n'en est pas moins vrai qu'il y a eu là une diminution de visées fort inquiétante. La tradition séculaire montre que les grandes œuvres épiques ou lyriques ont toujours été anspirées par les grands événements nationaux guerriers, religieux. Il est incontestable que notre temps voit la plus vaste crise de l'histoire humaine, et peut-être celle dont les conséquences seront les plus étendues. Rien que par les épisodes dont nous sommes témoins, les thèmes des plus célèbres opéras ou symphonies sont amplement surpassés. Il faut remonter au génie unique de Shakespeare pour trouver des imaginations littéraires et dramatiques non inférieures à notre réalité quotidienne : encore sont-elles égalées, sinon surpassées. Le drame du *Roi Lear* est peut-être moins étonnant que celui du vieux roi Pierre de Serbie s'exilant dans les neiges au cours d'une retraite héroïque et atroce, laissant son pays en flammes après l'avoir défendu pied à pied, et y rentrant en vainqueur trois ans plus tard. Les foules de *Jules César* paraissent mesquines après des scènes de la révolution russe. Iago et Macbeth revivent en un Ferdinand de Cobourg, et un Albert Ier a la noblesse des plus beaux jeunes héros du vieux Will. Nous voyons les décors les plus fastueux qui aient jamais été rêvés par des dramaturges lyriques ; chocs d'armées colossales, embrasement de cités, cortèges, écroulements de trônes, renaissances de nations martyres, meurtres ou abdications de souverains, tout respire le sublime. Les Idées en marche à travers les deux mondes, Libertés, Justices, Droits, réclament leur place dans la fresque allégorique. Nos âmes, nos cœurs, nos consciences auront parcouru en cinq années le cycle des grandes émotions collectives. Est-il possible que rien de tout cela ne soit traduit par de vastes compositions littéraires, picturales et symphoniques? Cela semblerait un démenti à l'attente générale et un aveu d'impuissance des arts. Et cependant l'aversion pour les « sujets » est telle que personne ne semble se présenter pour exprimer ces choses prodigieuses dont nous sommes témoins. Qui, devant l'écroulement de l'Allemagne, sentira l'opportunité et la force de refaire un *Crépuscule des dieux* autrement conçu que celui que Wagner sut concevoir d'après une gauche légende nordique groupant quelques dieux barbares dans un paradis grossier? Nous en sommes encore à nous demander qui composera un chant des Alliés digne de leur triomphe, et non une misérable cantate de concours municipal. Et il faut bien dire que jusqu'ici le seul choral capable d'exprimer notre allégresse de la délivrance et notre pressentiment d'un monde nouveau a été écrit il y a cent années par un Allemand nommé Beethoven, et s'appelle l'*Ode à la Joie* couronnant la Neuvième Symphonie! Auprès de cette page incomparable et prophétique, tout paraît d'un ordre inférieur. Il convient donc d'espérer, de souhaiter que l'immense secousse sismique qui a abattu et fait surgir tant d'idéals bousculera l'art de petites visées minutieuses et ramènera chez les jeunes l'ambition des sujets altiers à vastes développements que le scepticisme avait fait délaisser par peur des « grandes machines poncives » et de la banalité. Le précieux, le rare et l'insolite deviennent aussi des banalités, et plus vite peut-être que les œuvres ambitionnant d'exprimer des sentiments généraux. Il est temps en vérité que les arts reviennent à leur mission civique, qui est d'orner les fastes de la vie nationale, et l'indépendance ne doit conserver tous ses droits que dans le choix des moyens d'expression. Moins que jamais un art ne peut avoir chance de ne se point dessécher, s'il fait consister l'indépendance dans le fait de vivre en marge de l'existence collective. Une grande leçon de subordination consciente de l'individu à la race nous a été donnée sur les champs de bataille : il serait anormal que l'art ne la comprît pas.

IX

Les ballets russes et leur influence.

Une curieuse et attachante leçon d'art, adjacente à la poésie, à la peinture, à la musique, nous aura été donnée par les ballets russes. Il semblerait que je dusse m'abstenir d'en parler, puisqu'il s'agit d'une création étrangère. Mais elle apporte trop de points d'utile comparaison, et elle a si vivement influencé Paris qu'elle reste mêlée à nos mœurs et à nos idées artistiques presque aussi nettement que le wagnérisme.

Cet art charmant apparut subitement à nos artistes comme une révélation de joie sensorielle. L'élite n'y vit qu'un plaisir, dont elle raffola durant plusieurs saisons. Il y avait plus et mieux à y trouver : une méditation féconde sur la fusion des arts. Il se rencontrait en effet que le génie slave, tout imprégné d'orientalisme, avait réalisé comme en se jouant cette fusion qui avait été la hantise de Wagner, poète, dramaturge, décorateur et musicien. Mais Wagner avait échoué. Ses combinaisons étaient restées pesantes et desservies par la machinerie imparfaite du théâtre de son temps : les éléments de féerie y demeuraient incapables de s'amalgamer à l'action réelle, il y avait laideur et désaccord, la fusion des arts restait à l'état théorique. Évoluant au contraire dans le domaine de la pure fantaisie, le ballet russe se présentait comme une délicieuse synthèse des arts, que le réalisme ne gênait pas. Il avait à sa disposition les éléments les plus heureux. Décors d'une liberté d'invention absolue, beaux par le coloris, la ligne ornementale, la simplification des motifs. Arguments de ballets dus à des poètes. Costumes d'une richesse, d'une singularité et d'un goût extrêmes. Musiques d'une grâce, d'une richesse rythmique, d'une hardiesse exceptionnelles. Protagonistes de premier ordre, artistes véritablement grands comme Nijinsky, [illegible] Pavlova ou Tamar Karsavina. Foules chorégraphiques prodigieusement exercées et disciplinées, d'une intelligence incomparable à celles de nos pauvres scènes parisiennes. Tout cela était animé d'une vie ardente et capricieuse, et se présentait avec l'attrait de l'inconnu. La révélation fut énorme, et tandis que le public ne songeait qu'à en jouir, nos poètes et nos peintres comprirent qu'une forme de rêve avait été atteinte par ce groupement de semi-Orientaux raffinés, à la fois instinctifs et savants. Les ballets russes réalisaient l'idéal que le mouvement poétique symboliste avait poursuivi ;

l'évocation simultanée de tous les ordres de sensations esthétiques dans des données allégoriques. Danse, mimique, musique, lumière, coloris, plastique, tout rendait vivante la poésie, tout réalisait « le spectacle » complet et absolu avec une perfection homogène probablement indépassable. Il est fort possible qu'une vision de quelques minutes comme *le Spectre de la Rose*, un ballet comme *Shéhérazade*, un drame mimé comme *Thamar*, aient été le suprême de toutes les aspirations esthétiques des temps modernes, et aient satisfait à toutes les conditions du chef-d'œuvre synthétique des arts.

Il en alla des ballets russes comme de toute autre création contemporaine. La mode les adultéra. On s'en empara pour les parodier dans la mode féminine ; puis on y inséra de gré ou de force des scénarios et des partitions qui en corrompirent le caractère exclusivement slavo-oriental. Et leur dernière apparition à Paris fut malchanceuse : c'était durant la guerre, à l'heure même où le maximalisme russe trahissait la foi jurée à l'Entente, et on faisait servir de merveilleux artistes à l'exhibition de certaine bouffonnerie cubiste, forçant leur grâce et leur souplesse à l'ankylose du pire maniérisme. C'est par le souvenir reconnaissant des belles saisons d'antan qu'il sied de reconstituer ce que l'art contemporain doit aux ballets russes. Ils auront certainement apporté une forme souveraine de beauté sensorielle conçue en dehors de toute tradition officielle. Ils auront — et ce sera peut-être leur part la plus durable — conçu et réalisé la libération totale de l'art du décor en l'affranchissant du trompe-l'œil pénible, en le concevant comme un tableau où les personnages costumés sont des valeurs mouvantes et où la splendeur du coloris est l'essentiel, et non une vraisemblance superflue. C'est là un principe logique, et il est probable qu'il commandera à l'avenir toutes les conceptions rénovatrices de la décoration scénique, si longtemps attardées à la pire routine. Les ballets russes n'auront pas moins contribué à nous faire honte des détestables méthodes qui ont fait de la figuration d'opéra, sur la plupart des scènes européennes, une chose poncive et péniblement ridicule. Et ici il n'est pas possible de ne point annexer à ces ballets les quelques splendides représentations où nous furent révélés les drames lyriques de Rimsky-Korsakow (*la Pskovitaine*) et de Moussorgsky (*la Khovantchina* et *Boris Godounow*). Il y a en effet étroite communauté de principes d'art entre ces ballets et ces drames par la conception du décor, par la science prestigieuse des mouvements de foules, des danseurs et des choristes, par la somptuosité et le goût des costumes. *Boris Godounow* est peut-être le plus beau drame lyrique qu'un musicien génial ait jamais écrit parallèlement à Wagner, avec de tout autres visées : mais tel que nous l'avons vu il s'est trouvé être aussi, et plus que tous les drames wagnériens, le plus beau, le plus parfait spectacle s'adressant à l'émotion visuelle autant qu'à l'émotion auditive. Cette beauté se relie intimement à celle des ballets, qui participent d'ailleurs souvent du drame lyrique, et sont servis par une symphonie infiniment supérieure à nos habituelles musiques de ballets. Celles-ci sont chez nous un petit genre, tandis qu'en Russie elles sont ugées dignes du plus grand art, la danse étant considérée à bon droit, et selon la conception antique, ;comme un art aussi grand que le chant ou la tragédie. Les foules chorales de Moussorgsky sont au même plan que les foules des ballets de Balakireff ou de Rimsky-Korsakow. Toutes ces œuvres sont conçues comme des fêtes lyriques sur le principe de la fusion des arts, et elles sont infiniment suggestives de pensées et d'émotions.

Il en restera certainement autre chose qu'un délicieux souvenir : un enseignement qui ne se perdra pas. Les ballets russes ont été, eux aussi, une création indépendante, étrangère à tout art officiel, et peut-être la plus étonnante que notre époque ait connue. Mais cette création, qu'on ne s'y trompe point, n'est belle que parce qu'elle est tout inspirée de principes classiques. Le ballet russe est né d'une stylisation de la danse et du costume populaires, il a pris ses thèmes dans la légende populaire, il a concentré les éléments slaves et les éléments asiatiques : et dans le déchaînement apparent de sa fantaisie, rien n'a été laissé au hasard, tout a été minutieusement mis au point par des éruaits, des peintres, des metteurs en scène très soucieux de leur technique. Le ballet russe est la création collective de traditionnistes de la vieille Russie, et l'aboutissement de toute une culture. C'est en quoi son exemple m'a paru contribuer à la thèse que je tâche de soutenir en ce livre, précisément à l'encontre des parodistes qui y ont vu une invite à bouleverser toute règle, et ne se sont emparés de cet art savant que pour le défigurer aussitôt. Reverrons-nous les ballets russes, la compagnie qui les créa se reformera-t-elle? En tout cas ils laisseront une trace durable, et leur influence directe ou indirecte se manifestera s'il est donné au monde de reprendre une vie artistique normale. Ils contenaient en effet un ensemble de principes naturels et justes, une harmonie, et quand un certain degré de beauté a été atteint, il est impossible qu'il ne renaisse pas. C'eût été la récompense légitime de Mallarmé de vivre assez pour pouvoir contempler dans ces incomparables ballets l'exacte matérialisation des rêves que ses écrits esthétiques avaient définis par avance avec cette lucidité qui est le propre des voyants de l'art, des génies de sa race.

CONCLUSIONS

Voici donc terminée l'esquisse générale d'une situation. J'aurais pu la pousser davantage, étudier bien des personnalités, mais j'ai seulement voulu établir un bilan de principes.

Il ressort de son examen que l'initiative d'artistes indépendants a doté la France contemporaine d'une quantité d'œuvres très remarquables qui s'agrègent déjà à la série de nos belles œuvres classiques.

Ces créations ont été dues à l'expansion d'un individualisme violent, refusant tout autre enseignement que celui qui résulte de la confrontation sincère de la sensibilité et de la nature. Elles ont déterminé une dépréciation générale des Écoles stituées. Elles ont déterminé aussi un grand t d'unification entre les divers arts. Elles ont tendu à créer un *état de conscience artistique interchangeable*, et une conception toute nouvelle de la mentalité et de la moralité de l'artiste.

Mais cette réaction individualiste a, forcément peut-être, dépassé imprudemment les conditions normales en faisant, par haine des fausses disciplines, table rase de toute discipline. Des médiocres ont foisonné, méconnaissant que l'indépendance d'art réelle exige une discipline, une intégrité et une expérience technique beaucoup plus sévères que le « métier » requis des bons disciples d'académies.

L'idolâtrie de la « nouveauté » considérée comme signe suffisant du talent a amené le désordre, l'improvisation, la surproduction, la compromission morale, l'affaiblissement de la technique, le dégoût ou la paresse des œuvres vastes, le désarroi d'une opinion publique que les mœurs de la presse d'arrivisme et de réclame contribuaient à troubler gravement.

L'individualisme sans critérium est un anarchisme indéfini. Cet anarchisme a été juste, nécessaire et profitable. Mais, comme tout anarchisme, il s'est résorbé en lui-même, après avoir achevé son œuvre de libération des formules usées et d'excitation à en susciter de neuves : à la veille de la guerre, il était en pleine dissociation, et nos artistes « d'avant-garde » n'étaient que l'avant-garde d'une armée qui n'existait pas. Ils ne précédaient et n'entraînaient rien. Chacun ne prouvait que soi-même. Le gros de l'armée, c'est-à-dire un corps de doctrines émanant d'une conception générale du génie français, n'était rassemblé nulle part : l'individualisme intransigeant croyait suffire.

Cette série d'efforts individuels, parallèles mais

non unis, engendrait la tendance au raffinement et à la mise au jour d'œuvres multiples, hâtives et petites. L'apport personnel ne servait pas d'expérience à autrui. Chacun eût rougi de l'emprunter, et se croyait jalousement tenu de tout réinventer à lui seul. La haine de l'enrégimentement faisait préférer l'émiettement.

Telle fut la situation que la guerre a suspendue. Les grandes idées directrices, les grandes simplifications traditionnelles, ont repris dans cet immense péril toute leur force d'exemple, tout leur pouvoir de subordonner l'individu à la race. Par le sacrifice, la foi, la solidarité, l'amour de l'unité française et du passé français que la Barbarie avait failli détruire ont repris toute leur efficacité et montré la vacuité du dilettantisme sceptique. Cette émotion civique aura certainement son contre-coup dans le domaine intellectuel. L'individu, là aussi, devra comprendre que son plein effort ne suffit pas sans liaison logique et spontanée à l'effort d'autrui.

L'individualisme nous a servi. C'est, maintenant, une conception dont il faut nous défier. Elle est à son point d'évolution nuisible.

Nous devons tenir pour acquise la volonté loyale de tout artiste de faire servir son effort, en quelque sens qu'il le fasse, aux fins de l'enrichissement et du prestige de la France.

Celle-ci, après avoir failli périr, n'a jamais été si grande, si glorieuse, si aimée, si admirée, et aussi purement, au-dessus de toute jalousie. Son prestige intellectuel était déjà très considérable. Il va devenir splendidement incontesté au lendemain d'une victoire sans précédent. Le monde entier viendra lui demander des exemples de beauté et l'invitera à lui en apporter. L'effondrement du prestige germanique laissera partout des places à prendre. Elles nous seront offertes. La suzeraincté spirituelle de la France héroïque lui sera consentie comme le lui fut la conduite suprême de la lutte.

On escomptera de nous de grandes choses, on sera heureux de les accueillir venant de nous, et on s'attendra à les voir grandes, parce qu'au lendemain d'événements énormes la tension nerveuse et mentale de l'humanité serait déçue par des expressions d'art subtiles et restreintes. Le socle majestueux attendra autre chose qu'un fin bibelot.

On ne nous demandera pas seulement l'avant-garde, mais l'armée la suivant.

Nous ne sommes pas prêts. Nous avons des talents et des tempéraments plus qu'en aucun autre pays : nous n'avons pas de directions. Notre art officiel en donnait de mauvaises, notre art d'individualisme indépendant n'en donne pas du tout.

Elle a malheureusement été décimée, la génération de ceux auxquels nous aurions pu demander le secret de demain. Mais ils restent nombreux encore, et l'épreuve sociale les aura transformés Comme on le ressent dans le domaine civique, ils ressentiront sans doute la nécessité de disciplines, de directions doctrinales, pour redonner un sens à cette belle expression qui synthétisa nos gloires et nos beautés d'autrefois : l'École française.

Je crois que c'est cette nécessité qui résulte impérieusement de l'examen des mouvements d'art indépendant qu'il m'a été donné de suivre pendant une trentaine d'années.

Il y aura un temps d'arrêt forcé : l'humanité aura d'abord à reconstruire, à apaiser ses deuils, à remettre de l'ordre, à se reposer, et il faudra laisser aux jeunes qui combattirent le loisir de reconstituer leurs foyers et de redevenir des artistes pouvant méditer et composer en paix. Mais, après, quand ils commenceront de révéler leurs productions, on verra de suite si, entre le conservatisme et l'anarchisme diversement stériles, un principe fécond d'unité dans la liberté s'est élevé pour présager un art français homogène, réorganisé, capable d'un *style de France* respecté, reconnu et prépotent dans le monde entier.

Ce style peut se constituer par la sélection des très beaux éléments découverts dans la période que je viens d'étudier. Pour cela, la reconstitution d'une critique de doctrine, succédant à la critique d'impression pure, sera utile et désirable. Le réveil du sens traditionnel, de l'amour du passé, du sens des terroirs français, exalté par le danger d'anéantissement auquel nous échappâmes, sera également un ferment puissant. Mais plus que tout sera puissante la conviction que si l'effort et la recherche de l'individu sont les conditions premières de toute création, ils restent paralysés sans un sentiment de solidarité, sans une discipline consentie, sans la volonté d'inféoder, comme le firent les vrais maîtres, la trouvaille personnelle à l'harmonie de l'ensemble d'une époque française. Il faut pour cela la modestie, le désintéressement, la ferveur civique et l'amour du prochain, la croyance saine que le plus brillant élan de l'esprit reste stérile sans une élévation parallèle de la moralité.

J'espère fermement que ces idées, que j'ai vu briller parfois chez quelques artistes que j'ai aimés, animeront la génération future et lui dicteront des inspirations dignes du magnifique avenir que lui ouvre le sacrifice des morts. J'aurai dépassé l'âge où l'on crée, il me restera la joie profonde d'admirer ceux qui feront un pas de plus sur la route infinie, en me rappelant silencieusement, s'ils les oublient, comme ce sera naturel et humain, les efforts par lesquels mes amis et moi-même, ayant fait de notre mieux en notre temps, leur aurons déblayé quelques obstacles du chemin où leur jeune gloire s'avancera.

Écrit entre la délivrance de Verdun
et la capitulation de l'Allemagne,
1916-1918.

TABLE DES MATIÈRES

II

LITTÉRATURE

III

MUSIQUE

8393-18. — CORBEIL. Imp. CRÉTÉ. — Avril 1919.

www.ingramcontent.com/pod-product-compliance
Ingram Content Group UK Ltd.
Pitfield, Milton Keynes, MK11 3LW, UK
UKHW021122220726
13924UKWH00004B/1859